सफलता के सोपान

सफलता के सोपान

डॉ. अशोक कुमार गदिया

सम्पादक

प्रो. शिव मृदुल

वाणी
प्रकाशन

प्रकाशन के उत्कृष्टतम 62 वर्ष

vaniprakashan.com

सजिल्द प्रथम संस्करण : 2025

वाणी प्रकाशन

4695, 21-ए, दरियागंज, नयी दिल्ली-110 002

फ़ोन : + 91 11 23273167, 23275710

शाखाएँ

अशोक राजपथ, पटना-800 004, बिहार

कॉफ़ी हाउस कैम्पस, महात्मा गांधी मार्ग, प्रयागराज-211 001, उत्तर प्रदेश

महात्मा गांधी अन्तरराष्ट्रीय हिन्दी विश्वविद्यालय, वर्धा-442 001, महाराष्ट्र

sales@vaniprakashan.in
vaniprakashan@gmail.com

Safalata Ke Sopan
by Dr. Ashok Kumar Gadiya
Edited by Pro. Shiv Mridul

ISBN : 978-93-6944-604-9

Self-Help

मूल्य : ₹ 450

आर.टेक ऑफ़सेट, दिल्ली-110 032 में मुद्रित

वाणी प्रकाशन का लोगो मक़बूल फ़िदा हुसैन की कूची से

डॉ. अशोक कुमार गदिया : व्यक्तित्व एवं कृतित्व

डॉ. अशोक कुमार गदिया ने वाणिज्य स्नातक की परीक्षा राजस्थान विश्वविद्यालय, जयपुर से वर्ष 1980 में उत्तीर्ण की। नवम्बर 1988 में आपने 'द इंस्टिट्यूट ऑफ़ चार्टर्ड एकाउंटेंट्स ऑफ़ इंडिया' की सदस्यता प्राप्त की। आप स्वाध्याय की अपनी सतत साधना से वर्तमान में बी.कॉम., एफ.सी.ए., पीएच.डी. हैं। इसके साथ ही कराधान प्रणाली के क्षेत्र में आपकी निष्णात व्यक्ति के रूप में राष्ट्रीय स्तर पर पहचान है।

आपने वर्ष 1988 में मै. अनिल अशोक एंड एसोसिएट्स, सी.ए. फर्म की स्थापना की, जिसके आप सक्रिय सदस्य और वरिष्ठ सहभागी हैं। आपको कराधान के क्षेत्र में 35 वर्षों का अनुभव है। इस अनुभव को आपने अपने तक ही सीमित नहीं रखा अपितु 'कर' विषय के जिज्ञासु छात्रों का भी पथ-प्रदर्शन किया। आपको इस कार्य के लिए दिल्ली सरकार द्वारा 'बिक्री कर' विभाग की 'राष्ट्रीय राजधानी क्षेत्र सलाहकार समिति' का सदस्य नियुक्त किया गया है। कर सम्बन्धी अपने अति विशिष्ट ज्ञान की वजह से 'कर विभाग' के क्षेत्र से जुड़े व्यक्तियों में आपका नाम सम्मान के साथ लिया जाता है। आप पिछले 25 वर्षों से कर अधिकारियों के अनिवार्य प्रशिक्षण का कार्य भी कर रहे हैं।

डॉ. गदिया का प्रारम्भ से ही शिक्षा के क्षेत्र से अनन्य सम्बन्ध रहा है। आपने विद्यार्थी-जीवन से ही छात्र आन्दोलनों के साथ जुड़े रहे। शिक्षा के साथ ही राष्ट्रीयता तथा देशप्रेम की भावनाएँ आपकी अन्तरात्मा में रची-बसी हैं। आप शिक्षा के क्षेत्र में नवाचारों के साथ कुछ विशेष करना चाहते हैं। शिक्षा की दिव्य ज्योति आप दूरस्थ स्थानों के अमीर और ग़रीब प्रत्येक वर्ग में पहुँचाना चाहते हैं। आपको अपने विद्यार्थी जीवन में शिक्षा के इस क्षेत्र में जिन समस्याओं और परेशानियों से जूझना पड़ा, उन्होंने आपके भावी जीवन में शिक्षा के क्षेत्र में कुछ नया करने के साथ उसे

सर्वसुलभ बनाने की प्रेरणा का बीजांकुरण किया। आपके मन में संस्थापित इस उदात्त संकल्प ने उनकी सभी समस्याओं के समाधान की दिशा में सोचा है और आप वर्तमान में उसी संकल्प को साकार करने की दिशा में अनवरत प्रयत्नशील हैं। अत: आज आपकी सकारात्मक सोच के शिक्षाशास्त्री के रूप में छवि उभरी है।

आपके हृदय में भारतीय शाश्वत जीवनमूल्य कूट-कूटकर भरे हैं। आपके तरल-सरल हृदय में भारतीय संस्कारों की पुण्यगंगा अविरल बहती है। इसी भावधारा से ओत-प्रोत आपका हृदय भारत की हर पीढ़ी में उसी संस्कार के दर्शन करना चाहता है, ताकि सुनहरा एवं व्यवस्थित भारत बने। भारत की भावी पीढ़ी विद्वत्ता के साथ-साथ संस्कारवान बने, इसीलिए आपने शिक्षा ग्रहण करने के लिए नये संस्थान स्थापित करना प्रारम्भ किया ताकि सभी युवाओं को शिक्षा के समान अवसर प्राप्त हो सकें। आपका उद्देश्य है कि शिक्षा संस्थानों में अध्यात्मविद्या की नींव पर भारतीय जीवनमूल्यों के संस्कार, देशप्रेम, लोकसेवा, संसार के पुरातन एवं नूतन शास्त्र, ज्ञान-विज्ञान एवं शिल्पकला आदि विभिन्न विषयों की वृद्धि हो। इसी उद्देश्य की पूर्ति के लिए आप दृढ़ता के साथ सतत गतिमान हैं। वर्तमान में आप भारत के विभिन्न संस्थानों के महत्त्वपूर्ण पदों पर आसीन हैं। संस्थान एवं समाज की प्रगति में आप अति महत्त्वपूर्ण भूमिका निभा रहे हैं। आपके विचार में देश में सामाजिक परिवर्तन एवं उत्थान तभी सम्भव होगा जब युवा पीढ़ी जागरूक होगी और उसकी सोच में आमूल-चूल परिवर्तन होगा। आप विद्यार्थियों में देशभक्ति की भावना के साथ-साथ भारत की शिष्टता, संस्कृति, सभ्यता तथा मानवीय मूल्यों की रक्षा के लिए प्रतिबद्ध हैं। आप प्रत्येक युवा के मानसपटल पर भारतीय संस्कारों की अमिट छाप अंकित कर देना चाहते हैं। आपके जीवन का परम लक्ष्य है कि आप युवा पीढ़ी के साथ रहकर ही कार्य करते रहें।

वर्तमान में आप द्वारा संस्थापित सभी संस्थानों में लगभग 11,000 विद्यार्थी उच्च शिक्षा में अध्ययनरत हैं। इनमें सबसे ज़्यादा महत्त्वपूर्ण बात यह है कि इन 11,000 बच्चों में 75 प्रतिशत विद्यार्थी एस सी/ एस टी/ ओबीसी/ माइनॉरिटी समुदाय से सम्बन्धित हैं। इन 75 प्रतिशत छात्रों में से 90 प्रतिशत विद्यार्थी सुदूर गाँवों एवं ग़रीब घरों से आते हैं। इन संस्थाओं में भारत के 29 राज्यों से और भारत के बाहर 20 देशों से बच्चे पढ़ने आते हैं। यह दायरा अब बढ़ता ही जा रहा है। मेवाड़ विश्वविद्यालय सही मायने में विश्वविद्यालय बनता जा रहा है। जहाँ देश एवं विश्व के कोने-कोने से विद्यार्थी उच्च शिक्षा प्राप्त करने आ रहे हैं। डॉ. अशोक जी का यह मिशन है कि

ग़रीब से ग़रीब घरों और गाँवों का बच्चा अपने विश्वविद्यालय में शिक्षा प्राप्त कर एक ज़िम्मेदार नागरिक बनकर देश की सेवा के लिए सामाजिक जीवन में प्रवेश करे और इक्कीसवीं शताब्दी के जीवन-दर्शन की मुख्य धारा से जुड़े। वह चाहते हैं कि हमारा विद्यार्थी आत्मविश्वास से भरा हुआ हो जो देशभक्त हो, समाज के प्रति संवेदनशील हो, जिसके मन में हमारे राष्ट्रीय महापुरुषों का अभिमान हो तथा उसकी धमनियों के रक्त में राष्ट्र के महापुरुषों की उदात्त विचारधारा प्रवाहित हो रही हो। ऐसी सर्वजन हिताय भावना के साथ एक सशक्त नौजवान तैयार हो। इस पुनीत कार्य में वह रात-दिन लगे हुए हैं। यहाँ पर जम्मू-कश्मीर, बिहार, नागालैण्ड, मणिपुर, झारखण्ड, छत्तीसगढ़ का ज़िक्र करना समीचीन होगा। आप स्वयं वहाँ जाकर ग़रीब से ग़रीब घरों से हज़ारों की संख्या में बालक लाकर उनको पढ़ा-लिखाकर प्रशिक्षण देकर उनको रोज़गार में संलग्न कर राष्ट्र की मुख्यधारा में ला चुके हैं। उनका कथन है कि जहाँ कोई नहीं पहुँचता वहाँ अपने को पहुँचाकर (Reach to Unreached) ग़रीब बच्चों को लाना, पढ़ाना-लिखाना, भारतीय संस्कार देना और नौकरी दिलवाकर राष्ट्र की मुख्यधारा से जोड़ना है। इसके लिए चाहे कितना भी संघर्ष क्यों न करना पड़े लेकिन यह पावन राष्ट्रीय कार्य हर हाल में करेंगे।

प्रभु आपको असीम शक्ति, अदम्य साहस, पराक्रम और अतुलित बल प्रदान करें!

आप अपने इस उदात्त शिक्षा-दर्शन के कारण अनेक संस्थानों के पदेन अध्यक्ष एवं सदस्य हैं, इनके नाम इस प्रकार हैं–

1. मेवाड़ विश्वविद्यालय, चित्तौड़गढ़, राजस्थान कुलाधिपति
2. मेवाड़ इंस्टिट्यूट ऑफ़ मैनेजमेंट अध्यक्ष
   सेक्टर-4 सी, वसुन्धरा, ग़ाज़ियाबाद (उ. प्र.)
3. मेवाड़ लॉ इंस्टिट्यूट, अध्यक्ष
   सेक्टर-4 सी, वसुन्धरा, ग़ाज़ियाबाद (उ.प्र.)
4. मेवाड़ गर्ल्स कॉलेज — संयुक्त सचिव
   गांधीनगर, चित्तौड़गढ़ (राजस्थान)
5. मेवाड़ गर्ल्स औद्योगिक प्रशिक्षण केन्द्र — संयुक्त सचिव
   गांधीनगर, चित्तौड़गढ़ (राजस्थान)
6. मेवाड़ गर्ल्स कॉलेज ऑफ़ टीचर्स ट्रेनिंग — संयुक्त सचिव

गांधीनगर, चित्तौड़गढ़ (राजस्थान)

7. मेवाड़ गर्ल्स आयुर्वेद नर्सिंग सेंटर — संयुक्त सचिव
गांधीनगर, चित्तौड़गढ़ (राजस्थान)

8. मेवाड़ गर्ल्स एलोपैथिक नर्सिंग सेंटर — संयुक्त सचिव
गांधीनगर, चित्तौड़गढ़ (राजस्थान)

9. एकात्म मानव दर्शन अनुसन्धान — उपाध्यक्ष
एवं विकास प्रतिष्ठान, नयी दिल्ली

10. भारतीय शिक्षण मण्डल, मेरठ प्रान्त — अध्यक्ष

11. अनिल अशोक एंड एसोसिएट चार्टर्ड एकाउंटेंट
वरिष्ठ पार्टनर, नयी दिल्ली, मुम्बई एवं हरिद्वार

शिक्षा संस्थानों के संस्थापक होने के साथ-साथ आप में एक शिक्षाशास्त्री के रूप में चिन्तनशील सृजनधर्मी रचनाकार भी विद्यमान है। आपके विचार, लेख, संस्मरण, जीवनियाँ, कविताएँ आदि इतनी विचारोत्तेजक हैं कि वे पाठक के मानस को झकझोर देती है। आप सतत कुछ न कुछ चिन्तन प्रधान सृजन में रत रहते ही हैं। आपकी अब तक प्रकाशित कृतियों में निम्नांकित पुस्तकें बहुचर्चित रही हैं–

1. बस, अब बहुत हो चुका (प्रथम संस्करण) — 2015
2. मेरी क्रान्तिकारी योजना (प्रथम संस्करण) — 2015
3. सफलता के रहस्य (प्रथम संस्करण) — 2016
4. सफलता के रहस्य (द्वितीय संस्करण) — 2017
5. वीर शिरोमणि महाराणा प्रताप (प्रथम संस्करण) — 2018
6. मेवाड़-मार्ग-निर्देशिका (प्रथम संस्करण) — 2019
7. भोर की रश्मियाँ (प्रथम संस्करण) (कविता-संग्रह) — 2019
8. जी एस टी (गुड्स एंड सर्विसेस टैक्स)
नामक पुस्तक के सह-लेखक (प्रथम संस्करण) — 2020
9. दिल्ली मूल्यवर्द्धित कर अधिनियम, 2005 (वैट) प्रथम संस्करण
10. विभिन्न शोध पत्र देश-विदेश की पत्र-पत्रिकाओं में प्रकाशित
11. मेरे अनुभव एवं इतिहास के झरोखे से कश्मीर — 2022

डॉ. गदिया बहुआयामी व्यक्तित्व के धनी हैं। अतः इन्हें कई राष्ट्रीय स्तर के

पुरस्कार प्राप्त हुए हैं तथा कई संस्थाओं ने सम्मानित किया है, उनका संक्षिप्त विवरण निम्नानुसार है–

1. भारत के राष्ट्रपति द्वारा राष्ट्रपति स्काउट्स अवार्ड से सम्मानित-1974
2. ग़ाज़ियाबाद में सिविल सोसाइटी द्वारा नगर गौरव सम्मान-2008
3. सेंटर फोर एजुकेशन ग्रोथ एंड रिसर्च, नयी दिल्ली द्वारा राष्ट्रीय शिक्षा गौरव सम्मान-2018
4. उत्तर प्रदेश की माननीय राज्यपाल श्रीमती आनंदीबेन पटेल द्वारा दिव्य भारत सप्तम् भूषण सम्मान-2019
5. अखिल भारतीय प्रधान संगठन, अलीगढ़ द्वारा भारत गौरव सम्मान-2020

प्रस्तोता : **डॉ. चेतन आनन्द**

अनुक्रम

1.	ईश्वर में आस्था	13
2.	ईश्वर, माता-पिता और बच्चे	19
3.	बच्चे, परिवार एवं प्रेम	30
4.	अपने आपको पहचानें	37
5.	स्वास्थ्य और सफलता	44
6.	विचार और लक्ष्य	46
7.	समय का सदुपयोग	52
8.	सकारात्मक सोच की प्रवृत्ति	57
9.	सद्गुरु में विश्वास	71
10.	लक्ष्य प्राप्ति का प्रयास	74
11.	स्वाध्याय एवं आत्मानुशासन	81
12.	सफलता में परिश्रम की भूमिका	85
13.	जीत और हार	90
14.	परेशानियों का आकलन	92
15.	सारा भार स्वयं मत उठाओ	95
16.	साहस और धैर्य	97
17.	सहनशीलता का सुख	102
18.	ईमानदारी	105
19.	मित्रता के आयाम	106
20.	उत्साह एवं आत्मविश्वास	109
21.	व्यवहार का परिमार्जन	114

22.	झूठ और अहंकार से बचें	122
23.	हिंसा और अहिंसा	123
24.	प्रसन्न और सुखी रहो	125
25.	उल्लास और उमंग के साथ	130
26.	सफलता हेतु स्मरणीय सूक्तियाँ	133
27.	सफलता, मनन एवं जीवन-दर्शन	139

1
ईश्वर में आस्था

ईश्वर अज, अजर, अमर और अलख है! वह अद्वितीय है, निरंजन निराकार है। उसे सर्वशक्तिमान, परमपिता, परमात्मा आदि नामों से सम्बोधित किया जाता है। उस सर्वशक्तिमान ईश्वर की अनुपम और अद्‌भुत कृति यह प्रकृति है, जिसे ब्रह्माण्ड कहा जाता है। यह पृथ्वी इसी ब्रह्माण्ड का एक अंश है, जिसे हम संसार कहते हैं। इसमें सभी चराचर (जड़-चेतन) सम्मिलित हैं। जड़ पदार्थों में जड़त्व तथा जीवों में संचेतना के रूप में वह ईश्वरीय शक्ति सर्वत्र विद्यमान है। अतः वह सर्वव्यापी और घट-घट वासी है। हम सभी ईश्वर की इस कृति अर्थात् प्रकृति के अभिन्न अंग हैं।

हम अपने चारों ओर जो कुछ जड़ एवं चेतन देख रहे (Looking) हैं[1]–वह लोक है। यह लोक ही अद्वैत ईश्वर का द्वैत दर्शन है। जो प्रकृति में यत्र तत्र सर्वत्र रमा हुआ है–

ईश्वर की कृति ही प्रकृति है;
उसकी ही माया है,
उसकी ही छाया है;
जल में, थल में, पवन में, गगन में;
सूरज में, चाँद में, तारों में;
बाग़ में, बग़ीचों में, बहारों में;
उल्लास में, उमंगों में,
फूलों के चटकीले रंगों में;
शब्द में, वाक्य में, छन्द में;
पुष्प की सुगन्ध में,
पठार में, पहाड़ में,

---
1. 'लोक' का अर्थ है–That we look around us.

शेर की दहाड़ में
चिड़िया की चहक में,
मिट्टी की महक में,
जड़ में, चेतन में व्याप्त है;
सब जगह सुलभ है, प्राप्त है!

सचमुच ईश्वर महान् है! वह अदृश्य है, किन्तु उसकी यह प्रकृति दृश्य है। यह प्रकृति है तो हम हैं। प्रकृति और हम परस्पर परिपूरक हैं।

आइए, इस प्रकृति की गोद में रमें! इस प्रकृति के सौन्दर्य से आनन्दित हों! उषाकाल में अरुणोदय का आनन्द लें! ऊर्जा के अजस्त्र स्त्रोत सूर्य से ऊर्जा ग्रहण करें! यह अलौकिक ऊर्जा हमारे क्रियाकलापों में संजीवनी शक्ति का संचार कर हमारी सफलता के द्वार पर दस्तक देती है।

वस्तुत: हम सब प्रकृति के अभिन्न अंग हैं, जितना हम प्रकृति के साथ रहेंगे, हमें जीवन में उतना ही आनन्द आयेगा। किसी पूर्णिमा की चाँदनी रात में किसी झील के किनारे खड़े होकर प्रकृति के अलौकिक आनन्द की अनुभूति से साक्षात्कार कीजिए! किसी अमावस्या की रात में गगन-मण्डल में घूमते ग्रह-नक्षत्र और जगमगाते सितारों की ओर निहारिए! फिर अपने मन से पूछिए, "आनन्द क्या होता है?" आपको लगेगा कि आप 'आनन्द' शब्द को परिभाषित करने की क्षमता में हैं। इस तरह की परिभाषाओं के सृजन की क्षमता मस्तिष्क में नवीन विचारों को जन्म देती है।

हर नया एवं नूतन विचार, जब हम खुले मन और निश्छल भाव से प्रकृति की गोद में होते हैं, तभी आता है। अत: हमेशा अपना सम्बन्ध प्रकृति से जोड़िए!

प्रकृति का आनन्द लीजिए! अपनी दिनचर्या में रोज़ टहलना या घूमना ज़रूर जारी रखिए! जब आप घूमने जायें तो कोई चिन्ता साथ नहीं लेकर जायें! ख़ाली मन से कुछ समय प्राकृतिक वातावरण में बस खो जायें! तन-मन को हलका करें और आप अच्छा अनुभव करें।

प्रकृति की गोद, माँ की गोद के समान है। सभी मनुष्य शिशु के रूप में अपनी माँ की गोद में पलते हैं और अपने आप को सुरक्षित अनुभव करते हैं। ठीक इसी प्रकार संसार के सभी मनुष्य प्रकृति की गोद में पलते हैं। बड़े होकर वे जीवन में सफलतापूर्वक अपने दायित्व का निर्वहन करना चाहते हैं, किन्तु जीवन में सफल होने का सर्वोपरि रहस्य है–ईश्वर में आस्था! उसकी शक्ति अपरम्पार एवं

अवर्णनीय[1] है। उसे सर्वशक्तिमान, सर्वव्यापी और अन्तर्यामी कहा गया गया है। जिस प्रकार शरीर के किसी भी भाग से रक्त निकले, वह एक जैसा ही होता है। ठीक वैसे ही ईश्वर भी इस सृष्टि में सर्वत्र विद्यमान है। यह सच है कि ईश्वर दिखाई नहीं देता है। क्या आपको हवा दिखाई देती है? नहीं! किन्तु वह है। वह जब चलती है तब अनुभव होती है। जब कोई बोलता है, क्या वे शब्द आपको दिखाई देते हैं? नहीं! किन्तु वे हैं, तभी तो आप उन्हें सुनकर अनुभव करते हैं और क्रियाशील होते हैं। ठीक इसी प्रकार ईश्वर भी दिखाई नहीं देता है किन्तु है। उसे अनुभव किया जाता है। यह अनुभूति ही उसकी उपस्थिति की सूचना देती है।

"ईश्वर की कोई बौद्धिक परिभाषा नहीं हो सकती। उसे आत्मा के सहारे अनुभव किया जा सकता है।"[2] यदि हम ईश्वर का पता लगाना चाहें तो उसकी अनुभूति हृदय को होती है, मस्तिष्क को नहीं! जब तक हम ईश्वरीय विधान को स्वीकार करते हुए परिश्रम करते हैं, वह हमारी सहायता करता है। जब हम ईश्वर का भरोसा छोड़कर अहं में अपनी युक्तियाँ काम में लेने लगते हैं, वह असफलता देकर हमें झिड़कता भी है।

उसकी सृष्टि की इस अनुपम रचना को देखकर संसार का हर व्यक्ति चकित है। हम सोच भी नहीं सकते हैं। यह सृष्टि एक घड़ी है, किन्तु इसका कोई घड़ीसाज नहीं है। यह घड़ी किसी के चलाने से नहीं, अपितु अपने आप चलती है। "जिसे ईश्वर पर भरोसा नहीं होता, वे तलवार पर भरोसा रखते हैं।"[3] आवश्यकता है हम ईश्वर पर भरोसा रखें, तलवार पर नहीं! हम अहिंसक बनें और ईश्वर को साक्षी रखकर लक्ष्य के लिए सतत प्रयत्नशील रहें!

हम सर्वशक्तिमान ईश्वर के सामने नतमस्तक होकर यह माँगें, "हे ईश्वर! आप मुझे काम, क्रोध, लोभ, मोह, भय, शोक, आलस्य, प्रमाद, ईर्ष्या, द्वेष, विषय-वासना, निष्ठुरता, घमण्ड आदि दोषों से दूर कर सद्‌कार्य में लगाये रखें और सदैव मुझे सत्य का साथी बनाये रखें!" यदि ऐसा होता है तो आप जीवन में अवश्य सफल होंगे एवं आपका जीवन श्रेष्ठ होगा।

---

1. सात समन्द की मसि करो, लेखनि सब वनराय।
   धरती सब कागज करो, हरि गुण लिख्या न जाय।। –महात्मा कबीर।

   ईश्वर की महिमा इतनी अपरम्पार है कि सात समुद्र की स्याही बनालें, वन की सारी वनस्पति की क़लम बना लें और सारी धरती को काग़ज़ मान लें तो भी उसकी महिमा का वर्णन नहीं किया जा सकता है।
2. डॉ. राधाकृष्णन्।
3. महात्मा गांधी।

ईश्वर एवं समय दोनों बहुत ही बलवान हैं। वे हमसे कब क्या करवा लें, यह हम नहीं जानते हैं! जीवन में उतार-चढ़ाव, नफ़ा-नुक़सान आते रहते हैं। मुश्किल समय में कौन आपके साथ खड़ा है, जिसने आपकी निःस्वार्थ भाव से मदद की है, उसी का जीवन में महत्त्व है। बाक़ी सब बेकार हैं, दुनियादारी है। इस कटुसत्य को हमेशा ध्यान में रखिए और जीवन में उतारिए! यह विचार आपकी सफलता के लिए हमेशा आपका मार्गदर्शन करेगा।

जब आप ईश्वर से प्रार्थना करें, सरल एवं आरामदायक जीवन बिताने की प्रार्थना के बजाय एक चरित्रवान मज़बूत एवं कर्मशील इन्सान बनाने की प्रार्थना करें! क्योंकि परमेश्वर का प्यार केवल सदाचारी और कर्तव्यपरायण व्यक्तियों के लिए सुरक्षित है। अतः सफल जीवन बिताने हेतु आप कभी अपने सामर्थ्य के अनुसार काम कर सकने की प्रार्थना न करें, बल्कि काम के अनुसार सामर्थ्य प्राप्ति हेतु प्रार्थना करें![1]

आपकी किसी में भी आस्था हो, यह ज़रूरी नहीं है। किन्तु आस्था जीवन के प्रति सकारात्मक दृष्टिकोण उत्पन्न करती है। अतः इतना अवश्य होना चाहिए कि जीवन में जिसके प्रति भी आपकी आस्था[2] हो, वह गहरी हो। आपका जीवन प्रकृति या ईश्वर की संसार को अनमोल भेंट है। इसका सम्मान कीजिए और जीवन को सँवारिए! दुःख, सुख, कष्ट, तकलीफ़ें, मुसीबतें, सुयोग, वियोग, मिलन-बिछुड़न, प्रेम, श्रद्धा, वैर, गुस्सा एवं घृणा आनी-जानी चीज़ें हैं। इनको लेकर जीवन को दुखी बनाना या करना या उसको समाप्त कर देना, ठीक नहीं! इन सब चीज़ों से ऊपर उठने का एक ही रास्ता है, वह है–'यह भी गुज़र जायेगा' का सिद्धान्त!

दोस्तो! इस सम्पूर्ण ब्रह्माण्ड या सृष्टि या क़ायनात में असीम शक्ति है। इसमें वह सब कुछ देने की क्षमता है, जो आप कल्पना कर माँग सकते हो। आप सच्चे मन से पूर्ण विश्वास के साथ जो माँगोगे, वह सब कुछ आपको मिलेगा। प्रकृति बहुत उदार है, हम जो कुछ उससे माँगते हैं, वह उदारमना होकर देती है। वह सदैव आपकी सफलता में सहायक होती है! आप इससे जितना और जैसा माँगोगे, उतना और वैसा ही देगी। यदि आप बुरा माँगोगे तो बुरा भी देगी। अतः आप हमेशा अच्छा माँगो! आप इस दुनिया में एक सफल, शानदार, ज़बरदस्त इन्सान बनना चाहते

---

1. वह शक्ति हमें दो दयानिधे, कर्तव्य मार्ग पर डट जायें।
   पर सेवा, पर उपकार में, जग-जीवन सफल बना जायें।। –एक प्रार्थना।
2. एकै साधै सब सधै, सब साधै सब जाय।

हो तो सारी क़ायनात मिलकर आपको वैसा ही बना देगी। यदि आप चोर, डाकू, बदमाश, गुण्डा, दुराचारी, बलात्कारी, ख़ुदगर्ज़, मतलबी, झूठा एवं मक्कार बनना चाहते हो तो वैसा ही बना देगी। अत: आप क्या बनना चाहते हैं? यह आपके चेतन दिमाग़ को तय करना है। आपने विश्वास और प्रबल इच्छा के साथ श्रद्धापूर्ण भाव से प्रकृति से जो माँगा है, उसे आपका अवचेतन दिमाग़ अपने पास रिकॉर्ड कर लेगा और उसका एक ब्लूप्रिंट बनाकर उसकी तरंगें ब्रह्माण्ड में भेज देगा। ये तरंगें चुम्बकीय होती हैं। ये उन सब संसाधनों एवं कारणों को आकर्षित कर लेती हैं जो आपके लक्ष्य को प्राप्त करने में सहायक होती हैं। अत: कहा जाता है कि जब आप किसी चीज़ को शिद्दत से चाहते हैं तो सम्पूर्ण क़ायनात आपको वह चीज़ दिलाने में लग जाती है। अपनी मंज़िल को पाने की सोच आपकी जितनी स्पष्ट एवं बड़ी होगी, मंज़िल उतनी ही आपके क़रीब होगी। अत: हर वक़्त आप अपनी मंज़िल के बारे में सोचो। अपने कमरे में उस मंज़िल का फ़ोटो लगा दो और उसे बार-बार देखो। इससे आप अपनी मंज़िल को पाने के नये-नये रास्ते खोज सकेंगे और अन्त में आप मंज़िल को प्राप्त कर लेंगे। जीवन में सफलता उसी को मिलती है जो सफलता के बारे में सोचते हैं।

सफलता का बहुत ही सुन्दर नियम है, आप स्पष्ट हो जाइए कि आपको ईश्वर से क्या चाहिए? फिर आप इसे ईश्वर, प्रकृति या ब्रह्माण्ड जो भी समझें, आप सच्चे हृदय से माँगें! अपने लक्ष्य को याद रखें, महसूस करें, उसको साथ लेकर जिएँ और प्रयास करते रहें। यक़ीन मानिए, जैसा आप सोचेंगे, वैसा ही होगा और वह लक्ष्य आपको अवश्य प्राप्त होगा। ऐसा प्रकृति का नियम है। अच्छा सोचोगे तो अच्छा होगा[1] और बुरा सोचोगे तो बुरा ही होगा, अच्छा कदापि नहीं हो सकता। अत: जीवन में सफलता के लिए आपके सोच की प्रक्रिया बहुत ही महत्त्वपूर्ण है। आप अपना माइंड सेट कर लो! संकल्पित बनो! आसमान की तरफ़ देखकर, मुस्कराकर, मुट्ठी बन्द करके एक लम्बी साँस लो और अपने दिमाग़ को सिग्नल भेजो! इस सृष्टि को और इस ब्रह्माण्ड को बोलो, "मैं अपनी तुलना आज के बाद किसी अन्य से नहीं करूँगा। मुझे भगवान ने 'युनिक' एवं सबसे श्रेष्ठ बनाया है। मैं एक श्रेष्ठतम इन्सान हूँ। मैं हर कठिनाई को पार करके सफल होऊँगा। जो मेरे पास नहीं है, वही तो मुझे आगे बढ़ने के लिए प्रेरित करेगा। हे प्रभु! आपको कोटि-कोटि प्रणाम, जो आपने मुझे श्रेष्ठतम बनाया!"

---

1. Do your duty, be unmindful of the result. –Shrimad Bhagwat Geeta.

दोस्तो! आप अगर एक शानदार इन्सान हो तो आपका व्यक्तित्व चुम्बक का कार्य करेगा। लोग आपकी ओर आकर्षित होंगे। आपके भीतर की अच्छाई देखेंगे और उसे अनुभव करेंगे। लोग आपके आस-पास रहेंगे और आपसे हमेशा जुड़े हुए रहने की कोशिश करेंगे। यहाँ एक उदाहरण देना समीचीन होगा–एक व्यक्ति बहुत ही सात्विक, ईमानदार, सच्चा एवं ईश्वर में विश्वास रखने वाला था। उसने एक दिन सपने में देखा कि वह समुद्र के किनारे घूम रहा है और भगवान भी उसके साथ घूम रहे हैं, लेकिन वह उसे नहीं दिख रहे हैं। फिर भी रेत पर उसको अपने पैरों के निशान एवं एक अन्य व्यक्ति के पैरों के निशान दिख रहे हैं। उसने भगवान से पूछा, "क्या ये पैरों के निशान आपके हैं?" भगवान ने कहा, "हाँ, ये मेरे पाँव के निशान हैं और मैं हर समय तुम्हारे साथ रहता हूँ।" उस दिन वह बहुत ख़ुश हुआ। किन्तु उसने एक दिन फिर सपना देखा। उस वक़्त वह बहुत मुसीबत में था। कुछ गुण्डे उसके पीछे पड़े हुए थे और उसको लूटकर मार देना चाहते थे। वह बेतहाशा भागा जा रहा था। बहुत मुश्किल से अपनी जान बचाकर घर पहुँच पाया तो उसने फिर देखा कि जब वह भाग रहा था, रेत पर केवल उसके ही निशान थे। इस पर उसने भगवान से पूछा, "आप मुसीबत के समय तो मेरे साथ नहीं थे?" तब भगवान ने बताया, "तुम तो उन गुण्डों को देखकर वहीं ढेर हो गये थे। भाग तो मैं रहा था! मैं तुम्हें उठाकर ले जा रहा था! इसलिए वे मेरे ही पाँव के निशान थे। तुम्हारे निशान नहीं थे।" भगवान इस तरह अपने भक्तों को बचाते हैं।

अतः ईश्वर में आस्था रखिए! यह आस्था मनुष्य को जीवन में आशावादी बनाती है और सफलता के मार्ग प्रशस्त करती है।

2
ईश्वर, माता-पिता और बच्चे

ईश्वर परमपिता परमात्मा है। उसने इस सृष्टि की रचना की है। यह संसार उसी ईश्वर का परिवार है। वह ईश्वर ही इस संसार का भरण-पोषण करता है। इसी प्रकार माता-पिता हैं तो परिवार है। सर्वत्र माता-पिता ही परिवार का भरण-पोषण करते हैं। इस दृष्टि से हमारे ग्रन्थों में सन्तान को पितृऋण से मुक्ति का माध्यम माना गया है। किन्तु यह प्रश्न विचारणीय है कि सन्तान का जन्म होने मात्र से मनुष्य क्या पितृऋण से मुक्त हो जाता है? नहीं कदापि नहीं!

सन्तान के जन्म के साथ ही माता-पिता की ज़िम्मेदारियाँ बढ़ जाती हैं। उनमें दायित्व बोध जाग्रत होना आवश्यक है। जब तक मनुष्य में यह सामर्थ्य न हो, कि वह उसकी सन्तान का विधिवत पालन-पोषण नहीं कर सकेगा और उसे शिक्षित-दीक्षित नहीं कर सकेगा, उस व्यक्ति का जीवन सफल नहीं कहा जा सकता है और उसकी सन्तान से वंश, जाति तथा निज का कुछ भी कल्याण नहीं हो सकेगा। सन्तान के जन्म के साथ ही बालक के व्यक्तित्व निर्माण में माता-पिता की महत्त्वपूर्ण भूमिका होती है। हमारे ग्रन्थों में वर्णित है कि माता परिवार में ईश्वर का रूप होती है। क्योंकि वही बालक को जन्म देती है और उसका भरण-पोषण करती है। ईश्वर संसार में सर्वत्र नहीं पहुँच सकता है, अत: उसने हर परिवार में एक माँ बनायी है।[1] वह बालक की प्रथम गुरु होती है। माँ बच्चे को स्नेह, ममत्व एवं वात्सल्य के पावन रंग में रंगकर उसे मनुष्य बनाती है। अत: उसमें युगयुगान्तर तक माता की गौरवगाथा ध्वनित होती रहती है। अत: वह सबसे पहले पूजनीय है। पुत्रों को चाहिए कि माता की सेवा तन-मन-धन से करें।

पंचतन्त्र में कहा गया है कि एक माता तीनों लोक में मान्य ऐसे बिरले पुत्र को जन्म देती है, जिसे विपत्ति पड़ने पर दु:ख नहीं होता, सुख मिलने पर हर्ष नहीं होता

1. God can not reach everywhere in the world, so he has made a mother in each of the family.–A proverb.

और युद्धकाल में वह भीरु सिद्ध नहीं होता। ये बालक में जन्मजात गुण होते हैं। यदि कहीं कमी है तो उनके विकास के लिए हमारे द्वारा उपयुक्त अवसर न देने की है। इसके लिए बालक दोषी नहीं है, किन्तु हम दोषी हैं। बालक के व्यक्तित्व का निर्माण करना माता-पिता का दायित्व है। क्योंकि सभी बालक जीवन के सभी व्यावहारिक संस्कार परिवार के वातावरण में पलते हुए, माता-पिता से प्राप्त करते हैं। अतः माता-पिता के लिए आवश्यक है कि वे अपने बालकों को वैसा ही वातावरण दें, जैसा वे स्वयं के लिए दूसरों से अपेक्षा करते हैं। यह बाल-गोपाल को सुसंस्कारित करने की अनिवार्य शर्त है।

बालक कुछ बड़ा होने पर हमजोलियों के साथ खेल-कूद में बचपन बिताता है। इसके बाद वह बालक अथवा छात्र के रूप में सुसंस्कारित होने के लिए विद्यालय के प्रांगण में प्रवेश करता है। वहाँ वह ज्ञानार्जन करते हुए अपनी किशोरावस्था में विद्यालयी शिक्षा पूरी करता है। इसके बाद वह महाविद्यालय अथवा विश्वविद्यालय में उच्च शिक्षा प्राप्त करते हुए गृहस्थ जीवन में प्रवेश करता है। इसमें वह एक गृहस्थ के रूप में स्वयं, परिवार, समाज एवं राष्ट्र के प्रति आदर्श नागरिक की भूमिका में अपने दायित्व का निर्वहन कर वृद्धावस्था में पहुँचकर भावी पीढ़ी के मार्गदर्शन के साथ अपनी जीवन-यात्रा पूरी करता है।

भारतीय वाङ्मय में इस जीवन-यात्रा को ब्रह्मचर्य, गृहस्थ, वानप्रस्थ एवं संन्यास के चार आश्रमों में वर्गीकृत किया गया है, जिसमें धर्म, अर्थ, काम और मोक्ष नामक चार पुरुषार्थ का उल्लेख है। इन चार पुरुषार्थ का दायित्वबोध के साथ मानव जीवन में विधिवत निर्वहन ही भारतीय जीवन-दर्शन है, जिसकी नींव में परिवार, समाज, राष्ट्र और मातृभूमि के प्रति समर्पण के भाव भरे हैं। इन्होंने ही मानव जीवन के पारिवारिक एवं सामाजिक सम्बन्धों में रिश्ते और तीज-त्योहार, खेती-बाड़ी, वाणिज्य-व्यवसाय तथा सेवा जैसे संप्रत्ययों को जन्म देकर कला, साहित्य एवं संस्कृति की नींव रखी है, जिसमें सफल जीवन के लिए शिक्षा[1] मानव को शाश्वत जीवनमूल्यों से सँवारकर मानवता को सुवासित करती है। वस्तुतः यही मानव जीवन में सफलता के रहस्यों की कसौटी है।

इसी पावन उद्देश्य की पूर्ति में बालक (ब्रह्मचारी) का शिक्षा ग्रहण (ज्ञानार्जन) करना, गृहस्थ के रूप में स्वयं, परिवार, समाज एवं राष्ट्र के प्रति आदर्श नागरिक सिद्ध होना, सांसारिक दायित्व निर्वहन हेतु अर्थोपार्जन करना और वानप्रस्थ एवं संन्यास आश्रम में उसके लिए सांसारिक मोह त्याग, आत्मोद्धार एवं ईश्वर में आस्था के साथ मोक्ष की संकल्पना की गयी है। इसके लिए हमारे धर्म ग्रन्थों में धर्म, अर्थ, काम और मोक्ष नामक चार पुरुषार्थ माने गये हैं।

1. शिक्षा जड़ों में भी सहज ही डालती चैतन्य है। हीरा बनाती कोयले को, धन्य शिक्षा धन्य है।

आइए, विचार करें कि भारतीय वाङ्मय के इन सनातन जीवनमूल्यों को आत्मसात करते हुए इक्कीसवीं शताब्दी का मनुष्य अपने व्यावहारिक जीवन में स्वयं को कैसे आदर्श नागरिक सिद्ध कर जीवन-यापन कर सकता है? एक सन्तुष्ट जीवन के लिए यह आवश्यक है कि हम सारे झंझट छोड़कर अपने आपको एक नेक उद्देश्य से जोड़ें और उसके लिए स्वयं को समर्पित कर दें! पूर्ण आत्म-विश्वास के साथ अपने सारे प्रयास पूरी ताक़त से उस लक्ष्य प्राप्ति में लगा दें एवं ईश्वर पर भरोसा रखें।

बालकों का मस्तिष्क बहुत कोमल अर्थात् संवेदनशील होता है। वह प्रत्येक अच्छाई और बुराई को सहज में ही ग्रहण कर लेता है। चाहे शिशु सो रहा हो तो भी उसके सामने कोई अनुचित व्यवहार न करें। जैसी भाषा का प्रयोग आप अपने जीवन में चाहते हैं, वैसी ही संयत भाषा का प्रयोग उनके सामने करें। इसके अतिरिक्त भी कई वर्जित व्यवहार हैं, जो शिशुओं के सामने माता-पिता को नहीं करने चाहिए। इन बातों का पूरा ध्यान रखना आवश्यक है। क्योंकि आपकी भाषा और व्यवहार ही उनमें संस्कारों का बीजारोपण करते हैं।

बालकों को मन्दबुद्धि न कहें!

बालकों को कभी भी मन्दबुद्धि न कहें! क्या बालक सचमुच मन्दबुद्धि या कमज़ोर होते हैं? नहीं! कभी नहीं! मन्दबुद्धि मानने की शुरुआत कैसे होती है? जैसे कि एक माँ-बाप के दो सन्तान हैं, या दो से ज़्यादा अथवा एक ही सन्तान होती है, तो माँ-बाप अपने बच्चों का दो-तीन साल आकलन करने के बाद इस नतीजे पर आ जाते हैं कि या तो बच्चा बहुत होशियार है या सामान्य है या कमज़ोर है। यदि वह होशियार होता है तो हमेशा उसको 'मोटिवेट' करते हैं और उसकी प्रशंसा करते हैं। उसको ख़ूब आगे बढ़ाते हैं। किसी से परिचय कराते हैं तो उसका नाम बताने के बाद उसकी हर उपलब्धि सुना देते हैं। बच्चा बार-बार अपनी प्रशंसा सुनता है। वह यह सुनता है कि वह होशियार है। वह यह सुनता है कि वह योग्य है। वह यह सुनता है कि वह 'एक्स्ट्रा ऑर्डिनरी' है। इस प्रकार बार-बार वह सब सुनने से अपना माइंड सेट कर लेता है कि 'यस, आई एम द बेस्ट' एवं वह हमेशा अच्छी 'परफॉरमेन्स' दिखाता है।

इसके विपरीत आप ख़ुद मान लेते हैं या वह लोगों के द्वारा मान लिया जाता है कि बच्चा कमज़ोर है, जबकि वह वास्तव में कमज़ोर है ही नहीं! उसको बचपन से यही बार-बार सुनने को मिलता है–"तू किसी काम का तो है नहीं, उसके बेटे या बेटी

को देख, कितने अच्छे से हर काम कर लेते हैं! उनके कितने अच्छे नम्बर आते हैं! तू ज़िन्दगी में कुछ नहीं कर सकता!" उसका किसी से परिचय भी करवाते हैं तो ऐसा परिचय करवाते हैं, मानो वे उसके बारे में कुछ बताना ही नहीं चाहते हों। क्योंकि वे सोचते हैं कि कहीं हमारे बच्चे की कमज़ोरी का किसी को पता न चल जाये। जब बार-बार वह बच्चा ऐसी सब चीज़ें देखता या सुनता है, वह वैसा ही हो जाता है। क्योंकि वह बच्चा तो एक मिट्टी की तरह है, उसको जो आकार दोगे वैसा ही आकार वह ले लेगा! यह बात उसके दिमाग़ में बैठ जाती है। बचपन से सुनते आ रहे 'कमज़ोर' व 'मन्दबुद्धि' शब्द का वह अपने मस्तिष्क में अनजाने में कमज़ोर एवं मन्दबुद्धि वाला ब्लूप्रिंट सेट कर लेता है, जो कालान्तर में उसके लिए घातक साबित होता है। यहाँ श्री जयशंकर प्रसाद के अजातशत्रु नाटक का कथन उल्लेखनीय है।[1]

बालक के माता-पिता द्वारा या आस-पास के वातावरण से या लोगों से मिली जानकारी ही बच्चे के भविष्य को आकार देती है। बच्चा बचपन से अब तक जो सुनता आया है, देखता आया है, महसूस करता आया है, अनुभव करता आया है, उसकी 'प्रोग्रामिंग' वह अपने दिमाग़ में 'सेट' कर लेता है। यह 'प्रोग्रामिंग' उसके अवचेतन मन में रहती है जो हर बार उसको कमज़ोर अथवा मन्दबुद्धि साबित करती है। इस स्थिति में जब वह स्कूल जाने लगता है, स्कूल में नम्बर के आधार पर उसको पुनः साधारण या मन्दबुद्धि का बालक साबित कर दिया जाता है। बच्चा यदि अनुत्तीर्ण हो जाता है या नम्बर कम आ जाते हैं तो समाज के हर व्यक्ति द्वारा उस पर कमज़ोर या मन्दबुद्धि का ठप्पा लगा दिया जाता है। उसको ऐसा महसूस करा दिया जाता है, "तू ज़िन्दगी में कुछ नहीं कर सकता! तू कोई छोटी-सी कहीं नौकरी पकड़ लेना एवं अपनी दो वक़्त की रोटी कमा लेना!"

जब बच्चा अपने माँ-बाप से, समाज के लोगों से सामाजिक कार्यक्रमों में, पर्व एवं उत्सवों में, स्कूल के शिक्षकों के साथ, विद्यालय के सहपाठियों के साथ प्रांगण में उक्त प्रकार के शब्द बार-बार सुनता है, जो उन लोगों को नहीं कहना चाहिए, बालक अपने आप को कमज़ोर मान लेता है। वह हर वक़्त यही सोचता रहता है, "मैं कमज़ोर हूँ, मन्दबुद्धि हूँ, मेरा कुछ नहीं हो सकता!" इस प्रकार उसके मन में कुण्ठा उत्पन्न हो जाती है। वह अनजाने में अपनी ताक़त ही खो देता है। अपनी

---

1. बिन्दुसार– क्यों रे लुब्धक, आज तू मृगशवक नहीं लाया! मेरा चित्रक किससे खेलेगा?
   लुब्धक– राजन्! बच्चों का हृदय तो कोमल थाला है। आप चाहो तो इसमें कँटीली झाड़ी लगा दो अथवा फूलों के पौधे! –(अजातशत्रु नाटक, प्रथम दृश्य,–श्री जयशंकर प्रसाद।)

ऊर्जा को वह 'इनएक्टिव' कर देता है। क्योंकि इस ब्रह्माण्ड में वह यह बात फैला देता है, "मैं कमज़ोर हूँ, मैं मन्दबुद्धि हूँ।"

आपको तो पता है। ब्रह्माण्ड का काम है देना, और यह ब्रह्माण्ड आपको 'तथास्तु' ही बोलता है, क्योंकि आपने माँगा भी वही है। प्रकृति को सही या ग़लत का नहीं पता। उसका काम तो सिर्फ़ देना है, चाहे सही हो या ग़लत।

बच्चा जब पहली कक्षा से बारहवीं कक्षा तक आता है तो वह इस निराशा की बीमारी के आगोश में पूरी तरह आ जाता है, जबकि सच्चाई में उसको कोई बीमारी है ही नहीं! सारा खेल दिमाग़ का है। क्योंकि बच्चे को आपने, समाज ने एवं स्वयं बालक ने भी कमज़ोर मान लिया है।

अब क्या होता है कि बच्चे में चाहे कोई और क़ाबिलियत हो या न हो; माँ-बाप और समाज के लोग पढ़ने में अच्छा हो, उसी को होशियार मानते हैं। यह बहुत ग़लत है। जब बच्चा कोई भी परीक्षा देता है, कोई 'कॉम्पीटीशन' की तैयारी करता है या पढ़ाई करने बैठता है तो कुछ ही पल में वह उसे छोड़ देता है या उसमें रुचि नहीं दिखाता है। क्योंकि उसके दिमाग़ में रिकॉर्ड हो गया है कि वह कमज़ोर है। वह हताश हो जाता है।

कुछ बच्चों में खेल की, एक्टिंग की, सिंगिंग की या चित्रकारी या कोई और योग्यता होती है, लेकिन वे समाज या माँ-बाप के दबाव के कारण जैसे-तैसे बारहवीं कक्षा पास कर लेते हैं। उनके दिमाग़ में केवल एक ही बात चलती है कि वह मन्दबुद्धि है, जबकि वे असल में मन्दबुद्धि है ही नहीं!

बच्चों को प्रॉडक्ट मत बनाइए

सामान्यतया हम बच्चों को वह बनाने पर तुले रहते हैं जो हम नहीं बन पाये। यह सबसे बड़ा बेतुका एवं आत्मघाती विचार है। इससे केवल बीमार समाज की रचना होती है। अत: बच्चों को प्रॉडक्ट मत बनाइए! बच्चे आपसे हैं आपके लिए नहीं! फ़ैसले लेने में उनके दोस्त बनें, अपने फ़ैसले उन पर न थोपें!

बच्चों की परवरिश का सबसे अच्छा तरीक़ा है–'द काइट थैरेपी!' सोचिए, हम पतंग कैसे उड़ाते हैं? पतंग उड़ती है, किन्तु हम डोर अपने हाथ में रखते हैं। उसे आसमान में उड़ने की आज़ादी देते हैं। बारिश की आशंका हो तो पतंग उतारनी पड़ती है और मौसम अनुकूल होने पर उसे खुली छूट देनी पड़ती है! नियन्त्रण अपने पास रहता है, किन्तु उसे उड़ने की पूरी आज़ादी देनी होती है। यह थोड़ा मुश्किल अवश्य है, किन्तु इसके अतिरिक्त कोई दूसरा उचित उपाय नहीं! बच्चों

पर अनावश्यक भय एवं ग़ैर ज़रूरी प्रतियोगिता का बोझा न लादें। अपने हिस्से का अनुशासन रखिए, पर उनके हिस्से की आज़ादी भी उन्हें दीजिए!

बालक की परवरिश का सबसे सुन्दर क़िस्सा आइन्सटीन की माँ का है। आपको शायद ही ज्ञात होगा कि आइन्सटीन, जो दुनिया के सबसे बड़े वैज्ञानिकों में से एक माने जाते हैं, अपने स्कूल से निकाल दिये गये थे, यह कहकर कि इनके स्कूल में रहने से दूसरे बच्चे ख़राब हो जायेंगे। उन्हें उस वक़्त मन्दबुद्धि बालक समझा गया। यह बात केवल उनकी माँ को ही पता थी और उन्होंने इस बात को अपने तक ही गोपनीय रखा। उसने अपने बालक को घर पर स्वयं ही पढ़ाया और उन्हें ज़माने के लिए तैयार किया। उनकी माँ के मरने के बाद यह बात आइन्सटीन को पता लगी। अपने बालक पर एक अभिभावक को कितना भरोसा होना चाहिए, यह इस तथ्य का एक अनुकरणीय उदाहरण है। अत: अपने बालक की क्षमता को पहचानें! बालक को भी उसकी क्षमता पहचानने दें।

बच्चों की परवरिश में ध्यान देने योग्य एक विशेष बात यह है कि बच्चों की अन्य बच्चों से तुलना करना सर्वाधिक हानिकारक होता है। क्योंकि यह आदत बच्चे के स्वाभाविक विकास की सबसे बड़ी शत्रु है। हर बच्चा प्रकृति का अनमोल उपहार है। उसका स्वभाव अलग, रुचि अलग, पसन्द और ना-पसन्द अलग होती है। अत: उसका स्वाभाविक विकास उसकी रुचि, आकांक्षा एवं क्षमता के अनुरूप होने दीजिए! आप उसके गुण-दोष का विश्लेषण कीजए तथा यथासम्भव आर्थिक एवं नैतिक मदद करते हुए उसका मार्गदर्शन कीजिए एवं उसके विकास के अवसर उपलब्ध करवाइए!

बच्चों से एक उम्र के बाद मित्रवत व्यवहार करना आवश्यक होता है। इसके लिए उनसे खुलकर संवाद कीजिए! उनके प्रति संवेदनशील रहिए! ऐसी बात से बचिए जो उनकी कमज़ोर कड़ी हो। उन्हें प्रोत्साहित कीजिए! उन्हें चुनौती का सामना करने के लिए मानसिक रूप से तैयार कीजिए! लेकिन सबके सामने उनकी बेइज़्ज़ती से बचिए! बच्चों की क्षमता को जाने बिना उनको मुश्किल दौड़ में धकेल देना ग़लती नहीं, अपराध ही होगा। हम जानते हैं कि बच्चे अनमोल धरोहर हैं। बच्चे सुरक्षित हैं तो आपका और राष्ट्र का भविष्य सुरक्षित है।

"हम जो कहते हैं, वही करना है! आज जो पिछड़ रहा है, वह कल आगे नहीं आयेगा!" उनके मन में बैठी इस कुत्सित आशंका से उनको बाहर निकालिए! बच्चों को निरन्तर प्रोत्साहित करते रहिए! उन्हें अपना विश्वास दीजिए! उनका हौसला बढ़ाइए! एक दिन वह आपकी आकांक्षा पर खरा उतरेगा। इसे निश्चित मानिए! यदि

वह आपकी आकांक्षा पर खरा नहीं उतर पाता है तो इसे प्रारब्ध मानकर सन्तोष कीजिए! न कोई चिन्ता, न कोई दु:ख एवं न किसी प्रकार का पछतावा! जीवन को उन्हें पूर्णता से जीने दो! जीवन में बच्चों के प्रति हमारा कर्तव्य उनकी अपनी क्षमता के अनुसार उनकी भलीभाँति परवरिश करना एवं उनको ख़ुशहाल बनाना है। इसके लिए उनको अच्छी पढ़ाई-लिखाई की सुविधा उपलब्ध करवाना हमारा दायित्व है। इससे आगे का कार्य बच्चे अपने आप स्वयं करते हैं। उन्हें स्वतन्त्र छोड़िए!

अमरीश पुरी वाली परवरिश के दिन अब नहीं रहे। बच्चों की तुलना किसी अन्य बच्चे से करना बन्द कीजिए! उनमें अपने सपने खोजना भी बन्द कीजिए! अपने सपने आप स्वयं पूरे कीजिए! उन्हें अपने सपने सँजोने दीजिए एवं उनके सपने उन्हें पूरे करने दीजिए!

यह एक कटुसत्य है कि हमेशा देश एवं समाज के लिए वे बच्चे ही काम आये, जो अपने प्रारम्भिक जीवन में कमज़ोर थे या मध्यम श्रेणी के थे या खेलते-कूदते एवं शरारतों में आगे रहते थे। जो बच्चे पढ़ने-लिखने में प्रथम श्रेणी में आते हैं और स्कूल एवं कॉलेज टॉप करते हैं; वे हमेशा घर, परिवार, स्कूल, कॉलेज आदि में प्राथमिकता लेकर ख़ुदगर्ज़ क़िस्म के हो जाते हैं। वे बड़े होकर सिर्फ़ अपना और केवल स्वयं के परिवार का भला करते हैं। वे सुविधाभोगी बन जाते हैं। उन बच्चों में से अधिकांश बच्चे विदेश चले जाते हैं और वहीं बस जाते हैं। वे उच्च महत्त्वाकांक्षा के दबाव में होते हैं। वे अधिकांश लोग अपने माँ-बाप को भी अपने स्वार्थ के लिए उपयोग करते हैं। उनका पूरा दोहन करते हैं। ऐसी स्थिति में कभी-कभी माता-पिता के मन में क्षोभ भी उत्पन्न होता है किन्तु वे वृद्ध होने के नाते, मन मसोसकर बैठ जाते हैं और कुछ बोल नहीं पाते हैं। समाज में आपको ऐसे कई उदाहरण मिल जायेंगे।

अत: जिन बच्चों का स्कूल-कॉलेज में विशेष ध्यान रखना होता है, उनमें मध्यम श्रेणी के और ज़्यादा शैतान बच्चे होते हैं। उनको शारीरिक, मानसिक एवं बौद्धिक विकास करने के पूरे अवसर दीजिए! उनको प्यार दो, स्नेह दो, उनका मार्गदर्शन करो, उनको अपनापन दो! उनको देश एवं समाज की मुख्य धारा के साथ जोड़ दो और उनको हर अच्छे काम के लिए प्रोत्साहित करो! यदि ऐसा करोगे तो लगेगा कि हमने कुछ सृजन किया और देश तथा समाज के लिए अमूल्य निधि तैयार की है।

हमारी वर्तमान शिक्षा पद्धति में बच्चों में अन्तर्निहित प्रतिभा एवं शक्तियों को पहचानकर उसमें गुणवत्ता लाने के प्रयास की कोई व्यवस्था नहीं है। अत: हमें

इस बात पर ज़्यादा ज़ोर देना होगा कि हम बच्चों को अच्छा इन्सान बनायें; न कि एक ख़ुदगर्ज़, लम्पट एवं विशुद्ध स्वार्थी व्यक्ति!

हम गमलों में पौधे उगाकर पर्यावरण नहीं बचा सकते। उनके लिए जंगल चाहिए। ठीक इसी तरह नयी वैज्ञानिक सोच-समझ वाला देश बूढ़ों एवं प्रौढ़ों से नहीं बनेगा। उनके चिन्तन का बीज तो बच्चों में डालना होगा। इसलिए बच्चों को मार्कशीट के आधार पर परखना बन्द कीजिए! मार्कशीट से परखना उनके व्यक्तित्व के विकास के विरुद्ध की जा रही क्रूरता है। हमेशा याद रखिए, बच्चा असफल नहीं होता, स्कूल असफल होता है। बच्चे हमेशा मंज़िल तक पहुँचते हैं। बशर्ते हम उनको बता सकें कि जाना कहाँ है और उसका सही मार्ग कौन सा है?

अक्सर हम बच्चों के सुरक्षित जीवन की चाह में ऐसा कॅरियर चुनने को प्रोत्साहित कर देते हैं, जो उनको पसन्द नहीं होता या उनकी क्षमता से परे होता है। यह उनके जीवन के लिए सबसे ख़तरनाक होता है। बताइए, कौन माता-पिता अपने बच्चे को खिलाड़ी, लेखक, कलाकार, वैज्ञानिक, राजनीतिज्ञ, फ़िल्मकार, संगीतज्ञ आदि बनाना चाहते हैं? यदि चाहें तो क्या वे बना सकते हैं? "नहीं!" इस तरह का प्रोफ़ेशन बच्चा स्वयं अपनी अन्तर्निहित शक्ति एवं प्रतिभा के आधार पर चुनता है और वह अपने माता-पिता की इच्छा के विरुद्ध काम करता है।

यदि विश्व के सभी बड़े लोग माता-पिता की बात मानते तो हम इतने बड़े वैज्ञानिकों, कलाकारों, लेखकों आदि से वंचित रह जाते। हमेशा माता-पिता उसी काम में बच्चों को डालना चाहते हैं जिसमें स्वयं उनकी दक्षता है। अत: बच्चे के लिए बेहतर निर्णय केवल आप ही ले सकते हैं, दिमाग़ से इस भ्रम को निकाल दीजिए! बच्चे को अपना निर्णय ख़ुद लेने दीजिए! आप उसके इस पावन कार्य में सहयोग कीजिए! उसे हर काम के गुण-दोष से अवगत कराइए! उसका उचित मार्गदर्शन करिए एवं जो भी उसका मन हो, उसके लिए उसे प्रोत्साहित कीजिए! उसे उसकी क्षमता की जानकारी समय-समय पर अवश्य दीजिए!

बच्चों से बेहिसाब उम्मीद रखने, उनको प्राथमिक स्तर तक सिर्फ़ गणित एवं अंग्रेज़ी सीखने हेतु प्रेरित करने एवं शारीरिक गतिविधियों से दूर रखने से बच्चों में बचपन से ही मनोरोग पैदा हो जाते हैं। वे अकारण मोटे एवं बेडोल होने लगते हैं। उनका सन्तुलित विकास नहीं हो पाता है। बच्चों के समग्र एवं सन्तुलित विकास के लिए उन्हें सामाजिक विज्ञान, इतिहास एवं कला[1] पढ़ाने की भी आवश्यकता होती

1. History makes a man wise, Mathematics a logical, Science a

है। बच्चों का मिनट टू मिनट हिसाब रखना, उनसे मशीन की तरह काम लेना एवं उनको प्रॉडक्ट मानकर बाज़ार में उतारना उचित दृष्टिकोण नहीं है।

इस सदी में बच्चे सबसे बड़े संकट का सामना कर रहे हैं। इस संकट के मूल में अभिभावकों की या माता-पिता की आकांक्षा, अपेक्षा और महत्त्वाकांक्षा है, जो उन पर थोप दी गयी है। उस पर अच्छे नम्बर लाने एवं अपने मन माफ़िक नौकरी ढूँढ़ने का दबाव है, जो शुरू से ही उसके स्वाभाविक विकास का दुश्मन बना हुआ है। कोई भी परिणाम या व्यवसाय हमारे एवं बच्चे के बीच के प्यार से बड़ा नहीं हो सकता। हमारी सोच बच्चे के रिजल्ट से आगे देखने के दृष्टिकोण से होनी चाहिए। दुनिया पढ़ाई के रिजल्ट को सलाम नहीं करती। रिजल्ट से आगे देखने को सलाम करती है। बच्चा वास्तविक जीवन में क्या कर रहा है? उसके आधार पर उसका एवं उसके माता-पिता का आकलन होता है।

प्रिय मित्रो! बच्चे को हम जिन जीवनमूल्यों का घर में, स्कूल में, कॉलेज में, विश्वविद्यालय में जो वातावरण देंगे; उसके अनुरूप ही उसके व्यक्तित्व के विकास पर असर पड़ेगा और वही उसके चरित्र का निर्माण करके उसके व्यवहार में प्रतिबिम्बित होगा। जैसे हम बच्चे को आलोचना का वातावरण देंगे तो वह दोषारोपण करना सीखेगा। यदि हम बच्चे को एक-दूसरे पर हावी होने का वातावरण देंगे तो वह बातों द्वारा लड़ना सीख जायेगा। यदि हम बच्चों को एक-दूसरे को शर्मिन्दा करने का वातावरण देंगे तो वह डरपोक एवं भीरु बन जायेगा। यदि हम बच्चे को शर्मिन्दगी में जीना सिखा देंगे तो वह हर समय अपने आप को कमज़ोर या अपराधी मानना सीखा जायेगा।

यदि हम बच्चे को चुनौती और सहनशीलता का वातावरण देंगे तो वह धैर्यवान बनेगा। यदि बच्चा एक-दूसरे को प्रोत्साहित करने का वातावरण देखेगा तो वह आत्मविश्वासी बनेगा। यदि हम बच्चे को एक-दूसरे को प्रसन्न करने का वातावरण देंगे तो वह दूसरों को प्रसन्न एवं प्रोत्साहित करना सीखेगा। यदि हम बच्चे को सबके हित की चिन्ता करते हुए देखेंगे तो वह न्याय का पक्षधर बनना सीखेगा। यदि बच्चा सुरक्षित वातावरण में रहेगा तो वह दूसरों पर भरोसा करना सीखेगा। यदि बच्चा बहुत ही लाड़-प्यार एवं दुलार में जीता है तो वह सिर्फ़ अपने आप को पसन्द करना सीखेगा एवं अन्तर्मुखी बन जायेगा। यदि बच्चा आपसी सद्भाव, सौजन्य, मित्रता एवं सबके विचारों को सहज में स्वीकार या सम्मान करते हुए देखता है तो वह संसार में प्यार, सहयोग एवं सहकार से जीना सीखेगा।

---

practical and literature a human being. –Francis Baccon.

बच्चों को सुनिए! ये कुछ बोल रहे हैं-

- मुझे बर्बाद मत करो, जो मैं कहता हूँ, सब पूरा करने की ज़रूरत नहीं! जो मेरे लिए अच्छा है, वही करो! मैं तो ऐसे ही माँगकर आपका टेस्ट लेता रहता हूँ।
- दूसरों के सामने मुझे सही करने की कोशिश मत करो! मैं आपकी बात ज़्यादा अच्छे से समझता हूँ, जब आप मुझे अकेले में शान्ति से समझाते हैं!
- मुश्किल परिस्थितियों में मुझे मत बचाइए! मुझे उनसे मुक़ाबला करने दीजिए, जिससे कि मैं ज़माने की हक़ीक़त का आकलन ठीक से कर सकूँ और आपके सामने ही परिपक्व हो जाऊँ!
- किसी काम को लेकर या उसके करने के तरीके को लेकर या किसी आदत या व्यवहार को लेकर, मुझे बार-बार मत टोको! यदि ऐसा करोगे तो आपकी अनावश्यक बात सुनना मेरी आदत बन जायेगी और आपकी नसीहत का सारा असर शून्य हो जायेगा।
- कभी झूठे वादे मत कीजिए! क्या आप जानते हैं कि जब वादे टूटते हैं, हमारा दिल टूटता है? इससे हमारे आपसी प्यार एवं श्रद्धा पर असर पड़ता है।[1]
- हमेशा अपना व्यवहार एवं विचार एक-सा रखिए! आपके बदलते व्यवहार एवं विचार हमें भ्रमित कर देते हैं। इससे हमारा आपके प्रति विश्वास डगमगा जाता है।
- जब हम सवाल पूछें, उसका उत्तर दीजिए और हमें समझाइए! बिना उत्तर दिये मत रहो! वरना हम आपसे सवाल पूछना बन्द कर देंगे। हम उनके उत्तर कहीं दूसरे की शरण में जाकर ढूँढ़ना शुरू कर देंगे और अपनी जिज्ञासा शान्त करने लगेंगे।
- यह कभी मत भूलिए कि हम कितनी जल्दी बड़े हो रहे हैं! आप हमारे साथ चलने की कोशिश कीजिए! इसका मतलब हमारे बड़े होने के साथ-साथ ज़माना भी बदल रहा है और ज़माने के नियम भी बदल रहे हैं। यदि आप में वे ज़रूरी बदलाव आ जायेंगे तो हमारा तालमेल बेहतर होगा।
- यह कभी मत भूलो कि हम अधिकतम चीज़ें ख़ुद अनुभव करते हुए सीखना चाहते हैं! अतः हमें स्वतन्त्र छोड़ दो और स्वतः सीखने दो।

---

1. सपने न दिखाओ हमको, ये सपने टूट जाते हैं।
वक़्त आने पर सभी अपने भी छूट जाते हैं। किनारों ने कहा कि लहरें लौटकर नहीं आतीं;
वादे तो सौ-सौ होते हैं, मगर सब झूठ जाते हैं।। –अज्ञात।

- यह मत भूलो कि आपके प्यार बिना हमारे व्यक्तित्व का उचित एवं सन्तुलित विकास नहीं हो सकेगा! फिर भी हम आपको कभी नहीं कहेंगे कि हमें आपका कितना प्यार चाहिए?

अतः आवश्यकता है स्वयं को अच्छे माता-पिता सिद्ध करने की। इसके लिए माता-पिता को बच्चों के प्रति सकारात्मक सोच रखना आवश्यक है।

3
बच्चे, परिवार एवं प्रेम

ईश्वर की इस कृति अर्थात् प्रकृति में यह संसार ईश्वर की बहुत पेचीदा रचना है। इसमें माता-पिता, गृहस्थ जीवन, परिवार और समाज ने सांसारिक जीवन के जटिल संप्रत्यय की रचना की है। प्रत्येक व्यक्ति अपने-अपने जीवन-संघर्ष रूपी मैदान में अच्छाई और बुराई के द्वैत-दर्शन के बीच पूरी निष्ठा और क्षमता के साथ दौड़ रहा है। यह दौड़ किसी तपस्या से कम नहीं है और यही इस संसार में हमारी सामाजिक व्यवस्था की संजीवनी है। अत: गृहस्थ जीवन को एक तपोवन कहा गया है।

इस संसार रूपी तपोवन में संयम, सेवा और सहिष्णुता की साधना करनी पड़ती है। पारस्परिक स्नेह, सौजन्य और प्रेम इस तपोवन को सुवासित करते हैं। इसके लिए परिवार एवं आजीविका उपार्जन के लिए चयनित अपने कार्य-स्थल में रोज़ मिलने वाले सदस्यों के बीच प्रेम बढ़ाने के लिए उनकी छोटी-छोटी बातों का ध्यान रखना ही आपको बड़ा बना सकता है। उन छोटी-छोटी बातों पर न तो विशेष समय लगाना होता है, न ज़्यादा ख़र्च करना पड़ता है। बस सकारात्मक सोच के साथ सुसंस्कृत व्यवहार को आदत में बदलते हुए अभ्यास में लाना पड़ता है? इससे जीवन में सहजता, सरलता और माधुर्य का वातावरण बनता है। इससे हमारा जीवन बहुत ही आसान एवं तनाव मुक्त हो जाता है। इससे बच्चे सुसंस्कारित होते हैं। समाज में बच्चों की छवि अच्छी बनती है तो यह परिवार के लिए गर्व का विषय होता है तथा राष्ट्र को अच्छे नागरिक उपलब्ध होते हैं।

बच्चे परिवार का आवश्यक अंग हैं। आप बच्चों के साथ समय अवश्य बितायें! थोड़ा ही सही पर समय ज़रूर निकालें! क्योंकि कब बच्चे बड़े हो जायेंगे, पता भी नहीं लगेगा! बच्चे अपने परिवेश में जो देखते हैं, वह सब कुछ महसूस करते हैं और उसे अंगीकार करते हैं। इसलिए बड़े होकर उनको याद रहता है कि बचपन में पापा ने उनके लिए कितना समय दिया था। इसलिए उनको यह शिकायत नहीं

रहनी चाहिए! उनके साथ समय बिताना और उनका भलीभाँति पालन-पोषण करना आवश्यक है। जैसा स्नेह और सौजन्य भरा व्यवहार आप बच्चों के साथ करेंगे, वैसा ही वे बड़े होकर अपने बच्चों के साथ एवं आपके साथ करेंगे। कभी भी अपनी राजनीतिक विचारधारा की सोच एवं रुचियाँ बच्चों पर नहीं थोपनी चाहिए। अपनी असफलता की खीज या तनाव को भी बच्चों के ऊपर नहीं उतारना चाहिए! यदि ऐसा करेंगे तो बच्चों में कुण्ठा उत्पन्न हो जायेगी।

आप याद रखिए, परिवार में खाना सबके साथ खायें! परिवार के सदस्यों के साथ बैठकर खाना बहुत ज़रूरी है। खाने के समय सब एक-दूसरे से स्नेहिल बातें करें। दिन भर की उपलब्धियों एवं सावधानियों को शेयर करें और स्वयं को सामान्य अनुभव करें! इसके लिए प्रयास करना पड़ता है। यह परिवार के सदस्यों को जोड़े रखने का सबसे बेहतरीन तरीक़ा है।

आपके जीवन की सफलता के लिए चार काम ज़रूर होने चाहिए। पहला–आपका एक पुत्र हो। यदि एक से ज़्यादा हैं तो और भी अच्छा! दूसरा–आपकी एक बेटी हो। तीसरा–आपका लगाया हुआ एक पेड़ हो। चौथा–आप एक किताब अवश्य लिखें, जिसमें आपके अनुभव संग्रहित हों। ये चीज़ें आपको कभी मरने नहीं देंगी। आने वाली पीढ़ियाँ इससे प्रेरणा लेंगी।

घर जाने से पहले तनाव से छुटकारा पाइए! घर में घुसने से पहले 10 मिनट अपने आपको व्यवस्थित कीजिए और घर में वैसे ही बनकर रहिए, जैसा घर वाले व्यक्ति आपको देखना चाहते हैं। उनके साथ वैसा ही व्यवहार कीजिए, जिससे वे ख़ुश रहें तथा आप उन्हें ख़ुश रख सकें।

अपने देश, समाज, साथी एवं परिवार के सदस्यों को हमेशा याद रखिए! अपने से जो सम्भव हो सके, उनके कार्यों में सदैव सहयोग कीजिए! विशेष रूप से उस समय, जब वे मुश्किलों में हों! आप उनके लिए जो भी करें, स्वेच्छा से बिना कुछ प्राप्त करने के उद्देश्य से करें!

अपना व्यापार, व्यवसाय सबको प्यारा होता है। किन्तु उसकी प्राथमिकता भी हम सबको ध्यान में होनी चाहिए! कुछ पारिवारिक ज़िम्मेदारियाँ ऐसी होती हैं, जिन्हें नकारा नहीं जा सकता है। जैसे माता-पिता की सेवा-शुश्रूषा, चिकित्सा आदि के लिए ध्यान देना आवश्यक होता है। ऐसा ही दायित्व हमारा अपने परिवार, पत्नी एवं बच्चों के प्रति भी होता है, जिसे हर हाल में निभाना अनिवार्य होता है। क्योंकि समय चूक गया तो ज़िन्दगी भर पछतावे के सिवाय कुछ नहीं बचेगा।

हमको एक-दूसरे से जोड़ने वाला सूत्र है–'प्रेम'! इस युग में प्रेम-भावना गहरे संकट में है। एक-दूसरे के प्रति गहरा अविश्वास, तार्किक आकलन, आपसी लाभ-हानि का लेखा-जोखा, जैसे को तैसा का भाव, गोपनीयता के टूटने का भय, झूठ एवं आडम्बर का भाव, 'सुपीरियोरिटी कॉम्पलेक्स' आदि हमें पारस्परिक आत्मीय सम्बन्ध बनाने से रोकते हैं। इसी कारण से हम भीड़ में भी अपने आपको अकेला महसूस करते हैं। थोड़ी-सी विपरीत परिस्थिति आने पर हमारी साँसें फूलने लग जाती हैं और हम स्वयं को असहाय अनुभव करने लग जाते हैं।

अतः मेरा सुझाव है कि आपसी प्रेम बढ़ाइए! प्रेम की कुंजी है–निःस्वार्थ भाव से एक-दूसरे के काम आने की प्रवृत्ति! हर समय हमारा हाथ सहयोग एवं सहकार के लिए उठे! हम आत्मीय एवं संवेदनशील बनें! फिर देखिए, हर तरफ़ आपको अपने ही अपने लोग दिखेंगे। आप स्वयं को कभी भी अकेला महसूस नहीं करेंगे।

प्रेम और स्नेह सामाजिक जीवन रूपी मशीन के लिए 'लुब्रीकेशन' का काम करते हैं। इनके बिना हमारे सामाजिक जीवन की नींव खोखली है। फिर बाहर से दिखने में कितनी ही बुलन्द इमारत क्यों न हो।

आपसी प्रेम का अर्थ ग़ुलामी नहीं, जी हजूरी भी नहीं, हाँ में हाँ मिलाना भी नहीं! हमें एक-दूसरे को समझकर उनके साथ व्यवहार करना है। समय-परिस्थिति के अनुसार अपने व्यवहार को बदल लेना प्रेम है। हर सूरत में जिससे प्रेम करते हैं, उसका हित सोचना, उसके लिए त्याग करना और अपना सर्वस्व लुटाते हुए, उसे ख़ुश रखना है। आपसी प्रेम में निजी स्वार्थ, छल-कपट, शंका एवं डर का कोई स्थान नहीं होता है। यदि वह है तो प्रेम अधूरा है। ऐसा होना, सफलता के मार्ग में सबसे बड़ा रोड़ा है।

माता-पिता, बड़े भाई, चाचा, मामा, ताऊ, गुरु आदि को तुच्छ समझकर कम पढ़ा-लिखा या दकियानूसी समझकर उनकी सलाह एवं सीख पर ध्यान न देना या उसे हँसी में उड़ा देना ठीक नहीं होता है! उनके अपने अनुभव एवं सीख को हमेशा महत्त्व देना चाहिए और जहाँ तक सम्भव हो, गम्भीरतापूर्वक विचार करते हुए, उसे अपने जीवन में उतारना चाहिए! क्योंकि उन्होंने बाल धूप में सफ़ेद नहीं किये हैं। उनके विचारों और सलाह में उनके लम्बे जीवन के अनुभवों का संचयन होता है।

प्रेम में एक अधिकार का भाव होता है। इस अधिकार भाव में अहंकार नहीं घुसना चाहिए। 'मैं आपसे प्रेम करता हूँ', यहाँ तक तो ठीक है, किन्तु दूसरा आपसे कितना प्रेम करता है? यह अधिक महत्त्वपूर्ण है। प्रेम की इस उदात्त भावना में यदि आपका दख़ल बढ़ने लगे तो मान लीजिए कि आपसी सम्बन्धों में अड़चन आनी शुरू हो गयी।

ज़िन्दगी में प्रेम एक-दूसरे को सद्भावना के साथ गले लगाने का नाम है, उसे ठुकराने का नहीं! उसमें तिरस्कार, भेदभाव, ऊँच-नीच, जाति-पाँति, घृणा और पक्षपात का कोई स्थान नहीं होना चाहिए। असल में ज़िन्दगी एक बहती हुई नदी के समान है, जिसके साथ तरह-तरह की वनस्पतियों से लेकर पेड़-पौधे, नाव-नाविक आदि सब सफ़र करते हैं। इनका साथ जाना, बहते पानी को अच्छा नहीं लगता है। क्योंकि इससे उसकी स्वच्छता एवं निर्मलता पर असर पड़ता है, पर नदी किसी को रोकती नहीं! आपसी सहमति, असहमति तथा दृष्टिकोण में भिन्नता का आपसी सम्बन्धों पर जितना कम असर पड़े, उतनी ही ज़िन्दगी रूपी नदी ख़ूबसूरती से बहती है।

प्रेम में अक्सर यह शिकायत सुनने को मिलती है कि अब आप पहले जैसे नहीं रहे। प्रेम के शुरुआती दौर में हम एक-दूसरे की पसन्द या नापसन्द, सहमति एवं असहमति का ज़्यादा ध्यान रखते हैं। क्योंकि वह रिश्तों की शुरुआत होती है। क़ायदा तो यह कहता है कि समय के साथ-साथ रिश्तों में परिपक्वता आनी चाहिए। इस दृष्टि से परस्पर एक-दूसरे की चिन्ता एवं ज़िम्मेदारी का भाव बढ़ना चाहिए। उसमें प्रेम, आत्मीयता एवं समर्पण परिलक्षित होने चाहिए; न कि एक-दूसरे को ख़ुश करने के बनावटी प्रयास! वस्तुतः हमें बचकानेपन के व्यवहार को त्यागकर परिपक्वता की ओर बढ़ना चाहिए। प्रेम का रिश्ता आपसी विश्वास की नींव पर टिकता है और सुरक्षित रहकर फलता-फूलता है–समर्पण एवं त्याग की चारदीवारी से! जो ऐसा नहीं कर पाते, उनके लिए प्रेम के सम्बन्ध कुछ समय बाद बोझ हो जाते हैं तथा प्रेम की नींव हिलने लगती है। इसलिए आप जिनसे प्रेम करते हैं, उनसे हुए मतभेद, असहमति और अनबन को कभी अपने मन में स्थान न दें! स्नेह एवं अपनेपन को हमेशा बनाये रखें! इससे प्रेम के सम्बन्ध दीर्घजीवी रहेंगे।

किसी के पीछे पागल मत बनिए! किसी को पसन्द करना या प्यार करना बुरी बात नहीं है, पर आपसी समझ, चेतना एवं वास्तविकता पर भी ध्यान रखना आवश्यक है। एक हद से ज़्यादा दीवानगी, प्यार और प्रेम से आपसी सम्बन्ध कई बार अत्यधिक कड़वाहट में भी बदल जाते हैं और व्यक्ति कभी-कभी आत्महत्या की ओर प्रेरित हो जाता है। अतः ध्यान दीजिए 'अति सर्वत्र वर्जते!'

हमें किसी व्यक्ति से प्यार उनकी किसी न किसी विशेषता के कारण होता है और हमें उनसे लगाव हो जाता है। यह बिना किसी दबाव के स्वतः होता है। यदि किसी को प्यार करने के लिए कारण की ज़रूरत अनुभव की जाये तो समझ लो कि हमें उससे प्रेम नहीं है या प्रेम की सम्भावना समाप्त हो चुकी है। ऐसी स्थिति में

प्यार करना बहुत कठिन हो जाता है। फिर भी किया जाये तो वह दिखावा होता है, प्यार नहीं, वह प्यार का ढोंग होता है!

हम अपने कार्यस्थल या समाज में उच्च पद पर हो सकते हैं, पर उस उच्च पद के सम्मान की आप अपने घर एवं रिश्तेदारों से अपेक्षा नहीं कर सकते। यदि वे वैसा सम्मान आपको दे रहे हैं तो अच्छी बात है। इसमें उनका बड़प्पन है। वरना आपको अपनी सारी मान-मर्यादा छोड़कर उनके साथ सामान्य मित्र या पारिवारिक सदस्य के रूप में ही व्यवहार करना चाहिए। यदि ऐसा नहीं करते हैं तो आपको कई कठिनाइयों का सामना करना पड़ सकता है।

रिश्तों में विशेषकर पति-पत्नी, माता-पिता एवं बच्चों के बीच सबसे अधिक तनाव श्रेष्ठता को लेकर रहता है। पति-पत्नी में जिसका स्वभाव थोड़ा प्रखर होता है, उसे बहुधा इस बात का अभिमान हो जाता है कि वह श्रेष्ठ है। अत: उसके विचार से ही घर चलाना चाहिए। इसी प्रकार माता-पिता भी चाहते हैं कि बच्चे भी उनके आदेशों के अनुसार चलें, जबकि वे स्वयं अपने बचपन में माता-पिता के बताये रास्ते पर नहीं चले हैं। अत: हमें श्रेष्ठता के फेर में न पड़कर, आपसी समझ, सहयोग, सत्कार एवं सहअस्तित्व के सिद्धान्त पर चलकर अपनी गृहस्थी चलानी चाहिए। क्योंकि प्यार और सहकार से भरा-पूरा परिवार ही धरती का स्वर्ग है।

कभी भी अपनी दो सन्तानों के बीच तुलना मत कीजिए। भगवान सबमें कोई न कोई योग्यता ज़रूर देता है। वह पढ़ाई में अच्छा नहीं तो किसी अन्य काम में अवश्य ही अच्छा होगा। बिल गेट्स पढ़ाई में अच्छे नहीं थे, लेकिन वे दुनिया के सबसे अमीर व्यक्ति होने का ख़िताब कई बार प्राप्त कर चुके हैं। आइंस्टीन को बचपन में मन्दबुद्धि माना जाता था, लेकिन वह एक महान वैज्ञानिक बने। हारता वही है, जो लड़ता नहीं है! लाखों उदाहरण ऐसे हैं, जो मन्दबुद्धि माने जाते थे, लेकिन आज दुनिया में उनका नाम है।

दोस्तो! अपने बच्चों का हर वक़्त हौसला बढ़ाओ! उनको 'मोटिवेट' करो! उन्हें हमेशा महसूस कराओ कि आपको अपनी सन्तान पर गर्व है। अपने बच्चे की जो रुचि हो, उसे उस क्षेत्र में जाने दो एवं उन्हें सफलता के झण्डे गाड़ने दो! दो सन्तानों के बीच कभी भी उपेक्षा या भेदभाव का व्यवहार मत करो। यदि भेदभाव करोगे तो उनमें कुण्ठा उत्पन्न हो जायेगी। इसके लिए आप स्वयं दोषी होंगे, बच्चे नहीं!

जीवन में यह सबसे महत्त्वपूर्ण है कि आप किसी को दिल से प्यार करें, दिखावे के लिए नहीं! यदि कोई आपको प्यार करे तो दिल से, दिखावे के लिए नहीं! यह क्रिया दोनों की एक साथ होनी चाहिए। प्यार किसी स्वार्थ के लिए नहीं किया जाना

चाहिए। प्यार अन्त:करण की आवाज़ है। यह सद्‌भावना का जीवनदर्शन है। यह अन्त:करण की अनुपम अनुभूति है। इसे पावनता से पोषित करें।

प्रेम एक समुद्र की तरह है। आप जितनी गहराई में जाते चले जायेंगे, उतनी ही आपको शीतलता मिलेगी एवं बहुमूल्य रत्न मिलेंगे। प्रेम चेतन से किया जाता है, जड़ से नहीं! आजकल हम वस्तु से प्रेम करते हैं और इन्सान को इस्तेमाल करते हैं। इन्सान काम का है तो अच्छा, वरना कबाड़! जीवन में यह बड़ी विडम्बना है। हमें इन्सान से प्रेम करना एवं वस्तु को इस्तेमाल करना आना चाहिए। कोई वस्तु चाहे वह कितनी भी मूल्यवान क्यों न हो, वह इन्सान से बड़ी नहीं हो सकती।

बड़े होने का अर्थ समझदार होने से है, लेकिन अक्सर यह देखा गया है कि समझदार होने के बजाय हम 'केल्कुलेटर' होते जा रहे हैं। हम हर चीज़ में हिसाब लगाने लग गये हैं। आपसी सम्बन्धों में हिसाब लगाना सम्बन्धों की उम्र कम करता है। सम्बन्धों में दुराव आता है। इसलिए पारिवारिक सम्बन्धों में गणित की भाँति होशियार होना अच्छा नहीं है। यदि आप किसी व्यक्ति से सम्बन्ध बनाना चाहते हैं तो यह सुनिश्चित करें कि आपके विचार, शब्द, कर्म और परिवेश आपकी इच्छा का विरोध तो नहीं कर रहे हैं। यदि ऐसा कर रहे हैं तो पहले उसे ठीक कीजिए, फिर सम्बन्ध बनाने के लिए आगे बढ़िए। इसमें यह ध्यान देना आवश्यक है कि सम्बन्ध बनाना तो आसान होता है किन्तु निभाना कठिन होता है। अत: मन की आज्ञा से स्थापित किये गये सम्बन्ध स्थायी होते हैं और वे तभी निभ पाते हैं।

यदि आप अपने आपसी सम्बन्धों को बेहतर बनाना सीखना चाहते हैं, तो–

- सामने वाले व्यक्ति से हर परिस्थिति में मुस्कराकर बात करें!
- सामने वाले व्यक्ति का सम्मान करें, चाहे वह किसी भी पद या स्थान पर हो, उसकी पारिवारिक या आर्थिक स्थिति कैसी भी हो, फिर भी हमेशा उसके साथ सम्मान से पेश आयें!
- हमेशा सामने वाले व्यक्ति के परिवेश को समझने की कोशिश करें और उसके सरोकारों में जाकर स्थिति को परखें!
- अपनी पत्नी के सामने उसके घरवालों की बुराई कभी न करें तथा अन्य के सामने तो करनी ही नहीं चाहिए!
- यह मानकर चलें कि महिला की प्राथमिकता हमेशा उसके बच्चे, फिर उसका पति, फिर उस महिला के माँ-बाप एवं परिवार वाले होते हैं! उसके बाद उसकी प्राथमिकता में अन्य लोग आते हैं। चाहे कोई भी व्यक्ति उसके काम में कितनी भी मदद क्यों न कर रहा हो।

- इस दुनिया में माँ-बाप एवं गुरु जीवित देवता हैं। जो आशीर्वाद एवं ऊर्जा माँ-बाप एवं गुरु दे सकते हैं, वह कोई नहीं दे सकता है। अतः हर सन्तान का कर्तव्य है कि अपने माँ-बाप की निष्ठा से सेवा कर भावी आदर्श सन्तान बनें!
- कभी-कभी अस्पताल में जाकर अपने मिलने वाले परिचितों से मिलना चाहिए, विशेष रूप से दुर्घटना वाले वार्ड में! यह मानव मन को संवेदनशील बनाने एवं बनाये रखने का प्रेरक स्थान है। वहाँ जाकर आपको पता लगेगा कि दुर्घटना एवं दुर्भाग्य किसी के साथ भी आ सकता है और वह कहकर नहीं आता है। अतः हर व्यक्ति से आपको सद्‌भावना के साथ मिलना चाहिए और अच्छा व्यवहार करना चाहिए ताकि मानवमूल्यों की रक्षा हर सूरत में हो सके।
- यदि आप हर समय सामने वाले व्यक्ति की परख एवं परीक्षा करने में ही व्यस्त रहेंगे और अपनी शंका का समाधान ही करते रहेंगे तो उसके साथ प्रेम का व्यवहार कब करेंगे?
- याद रखिए, आपसी प्यार-मोहब्बत को बनाये रखने की पहली शर्त है कि आप क्षमाशील हों और एक-दूसरे पर भरोसा करते हों।
- सकारात्मक विचार से आप अपने दुश्मन को भी अपना मित्र या साथी बना सकते हैं।
- सहकार, सहयोग एवं समन्वय अच्छे सम्बन्धों की मूल कड़ी है।

4
अपने आपको पहचानें

जीवन में सफल होने के लिए सबसे अधिक आवश्यकता है कि आप अपने आप को पहचानें! अपनी क्षमता को पहचानें! जो अपने आप को नहीं जानता, वह अन्य को कैसे जान सकता है? अत: अपनी आत्मा को जानो! ईश्वर ही अणु रूप में आपके शरीर में आत्मा के रूप में हृदय में विद्यमान है। उससे आपका कोई भी विचार छिपा नहीं है।[1] वह आपकी अच्छाई और बुराई सब-कुछ जानता है। आत्मा को जानना ही ईश्वर को जानना है। आत्मा और ईश्वर एक ही संप्रत्यय के दो नाम हैं। इनकी अद्‍भुत शक्ति है। अत: अपनी आत्मा की शक्ति को पहचानो!

आत्मा मनुष्य में आत्मविश्वास की जननी है। जिस मनुष्य में आत्मविश्वास नहीं, उसे अन्य वस्तुओं और व्यक्तियों में कैसे विश्वास हो सकता है? यदि आपमें राई के दाने जितना भी आत्मविश्वास है तो आपके लिए कोई भी कार्य असम्भव नहीं। इस प्रकार अपनी आत्मा की शक्ति को पहचानना ही आत्मज्ञान है। 'आप क्या हैं और आपकी आध्यात्मिक, शारीरिक, मानसिक एवं बौद्धिक क्षमता क्या है? आपका सामाजिक परिवेश क्या है? आपकी आर्थिक स्थिति क्या है? आपकी पारिवारिक स्थिति क्या है और आपके पास कौन-कौन से संसाधन उपलब्ध हैं?' इस आधार पर आप अपनी क्षमता और सीमा का आकलन कीजिए! उसके अनुसार ही तो अपने प्रयास प्रारम्भ किये जा सकते हैं! यदि ऐसा करते हैं तो आप निश्चित मानिए कि आपकी जीत तय है।

उक्त सभी आधारभूत बिन्दुओं पर चिन्तन करते हुए आप अपने लक्ष्य निर्धारित कर सकते हैं और करना भी चाहिए! आवश्यकता पड़ने पर अपनी कार्यशैली में सुधार करना भी आवश्यक होता है। यही सफलता की कुंजी है।

---

1. God is Omnipotent. He is sitting in a corner of your heart. He knows everything whether it is wrong or right. You can't hide from Him. –Swami Vivekanand.

इसके लिए आप अपना मूल्य स्वयं समझो। स्वयं का मूल्यांकन करो और विश्वास रखो कि आप संसार में सबसे महत्त्वपूर्ण व्यक्ति हैं। इसके लिए हमें अपनी क्षमता और रुचि को पहचानना आवश्यक है। हमें अपनी रुचि के अनुसार अपनी क्षमता को विकसित करना चाहिए। यदि हमारी क्षमता एवं रुचि में ताल-मेल नहीं होगा तो हम कभी ख़ुश नहीं रह सकेंगे। हमारे कार्य में कुशलता तभी आयेगी जब हम उसे करने में सक्षम होंगे और रुचिपूर्वक करेंगे। यदि हम अपनी रुचि और कौशल में निखार लाना चाहते हैं और उसे सर्वोत्तम बनाना चाहते हैं तो हमें उसी पर अपना सारा ध्यान केन्द्रित करना होगा। तभी हम उस कार्य में पारंगत हो पायेंगे और वही होगी हमारी ख़ुशी की पराकाष्ठा!

अपने मन को खोजिए, अन्तर्मन का विश्लेषण कीजिए! उसमें कई तरह की प्रतिभाएँ एवं क्रियाशीलताएँ छिपी हुई हैं। उनको उभारने का प्रयास कीजिए और कुछ अनुपम, उत्तम एवं अभिनव सृजन कीजिए! फिर देखिए, जीवन में आनन्द आयेगा। आवश्यकता सिर्फ़ संकल्प की है।

यदि आपने अपने आपको पहचान लिया कि 'मैं क्या हूँ?' तो फिर सवाल उठता है–'मैं क्यों हूँ? और इस दुनिया में क्या करने आया हूँ? मैं क्या लेकर जाना चाहता हूँ?' क्योंकि मेरा जाना तय है। कोई मुझे जाने से रोक नहीं सकता।[1]

संसार में जाने का समय निश्चित नहीं होता है और यही ज़िन्दगी की सबसे बड़ी अनिश्चितता है। अत: हमारे पास कितना समय है? यह हमें पता नहीं है, पर यह तय है कि हमारे पास समय कम है। इन सब बातों को ध्यान में रखकर, हमें अपने जीवन का 'अल्टीमेट' लक्ष्य तय करना अपेक्षित है। फिर इस लक्ष्य को प्राप्त करने के छोटे-छोटे उद्‌देश्य या आयाम तय करने चाहिए और उनको प्राप्त करते हुए जीवन में आगे बढ़ना चाहिए। अब सवाल उठता है कि हमारे आगे बढ़ने का तरीक़ा क्या हो? इसे आप ही तय करेंगे। कोई दूसरा नहीं आयेगा। अत: सबसे पहले आप अपनी क्षमता, संसाधन, उत्साह और ध्येय को पहचान लीजिए!

इसके लिए आपको स्वयं की क्षमता और अभिरुचि का विश्लेषण करने की आवश्यकता है। जब तक आप अपने आपको अच्छाइयों से नहीं भर लेते, तब तक आपके पास दूसरों को देने के लिए कुछ नहीं होता है। इसके लिए अपने कर्म को सँवारना अनिवार्य है। कर्म ऐसे करें कि घर-परिवार, समाज और राष्ट्र के व्यक्ति उनकी सराहना करें। क्योंकि कुकर्मी व्यक्ति से अभागा और कोई नहीं होता। विपत्ति के समय उसका कोई साथ नहीं देता है। वह अकेला पड़ जाता है। ज़रा सोचिए,

---

1. मरणम् प्रकृति शरीरिणाम्! –सूक्ति।

सद्कर्मों के बिना कोई आपकी ओर क्यों आकर्षित होगा, क्यों कोई आपसे सम्बन्ध बनायेगा?

ख़ुद से प्रेम एवं सम्मान का व्यवहार कीजिए, उससे लोग आकर्षित होंगे और आपसे प्रेम एवं सम्मान का व्यवहार करेंगे। अतः उन गुणों पर ध्यान केन्द्रित करें जो आपको अपने लिए पसन्द हों और उन्हें अपनाने की कोशिश कीजिए! फिर देखिए, प्रकृति आपके व्यक्तित्व को ऐसे कई गुणों से विभूषित कर देगी। आपके जीवन की बगिया महक उठेगी और आपका व्यक्तित्व एक़दम ख़ुशबूदार हो जायेगा।

हमेशा अपनी क्षमताओं से अत्यधिक नहीं, अपितु 10-20 प्रतिशत अधिक ऊँचा लक्ष्य रखकर आगे बढ़ने से सफलता मिलती है। अधिक ऊँची महत्त्वाकांक्षा सफल होने में बाधक सिद्ध होती है। छोटी-छोटी सफलताओं से आपका हौसला बुलन्द होता है और आप जीवन में सहज ही आगे बढ़ सकते हैं। ये छोटी-छोटी आकांक्षाएँ ही आपकी ऊँची महत्त्वाकांक्षा की सीढ़ियाँ हैं। इन पर चढ़ते हुए ही उसे प्राप्त किया जा सकता है। अतः यह आवश्यक है कि एक छोटा लक्ष्य प्राप्त कर उससे आगे का लक्ष्य तय करें। अपने आगे बढ़ने के ये लक्ष्य आपकी रुचि, आवश्यकता, कालखण्ड, समय और परिस्थिति के हिसाब से नवीन परिप्रेक्ष्य में बदलते रहने चाहिए। इस तरह हम उत्तरोत्तर आगे बढ़ सकते हैं और हमारी उपलब्धियाँ भावी पीढ़ी के लिए अनुकरणीय बनती हैं।

कई बार लक्ष्य बहुत कठिन एवं दूर लगता है। आगे बढ़ने के सारे रास्ते बन्द दिखाई देते हैं। कोई मार्ग नज़र नहीं आता प्रतीत होता है। सभी संगी-साथी भी साथ छोड़ देते हैं। चारों ओर से विपरीत परिस्थितियाँ आक्रमण करती प्रतीत होती हैं। उस समय हिम्मत नहीं हारते हुए अपने काम में लगे रहना और धैर्य के साथ धीरे-धीरे आगे बढ़ना ही ठीक होता है। सतत प्रयत्न से अँधेरा घटता दिखाई देता है। प्रकाश की किरण मार्ग प्रशस्त करने लगती है और आपका काम बनने लगता है। जीवन में सफलता का सारा खेल हिम्मत रखने का है। हिम्मत हारी तो बाज़ी हारी, हिम्मत रखी तो बाज़ी जीती।[1] इसलिए मन पक्का बनाइए और दृढ़ निश्चय कीजिए! सब काम ठीक होगा।

यह संसार बहुत ही पेचीदा है। अपने लक्ष्य को प्राप्त करने के लिए हमें कई बार व्यावहारिक भी होना पड़ता है, जिसके लिए कभी-कभी अपने सिद्धान्तों और

---

1. जिसने लगाई ऐड, वह खन्दक के पार था।
   जो हिचकिचाकर रह गया, वह इस किनार था।

मान्यताओं से परे हटकर अपना काम निकालना पड़ता है। कभी छोटा भी बनना पड़ता है। कभी आलोचना और उपहास भी सहन करना पड़ता है। कभी किसी को नाजायज़ फ़ायदा भी पहुँचाना पड़ता है। ऐसी ग़लत चीज़ों को अपने जीवन में नहीं अपनाते हुए, विशिष्ट लक्ष्य को प्राप्त करने के लिये, आशावादी बनकर प्रयास करते हुए लक्ष्य प्राप्त करना होता है।

किसी चीज़ में देर कभी नहीं होती। इस बात से दुखी मत होइए कि मैं क्या करूँ, अब बहुत देर हो गयी है। यदि आपको कोई विचार ठीक लगता है तो प्रयास शुरू कीजिए! जब जागें, तभी सवेरा! आपका प्रयास मन से होना चाहिए।[1] इससे इच्छित परिणाम आने लगेंगे और आपको अच्छा लगने लगेगा। यह आवश्यक भी है कि आपको अच्छा लगना चाहिए। आपको अपनी आन्तरिक ऊर्जा को इस्तेमाल करना है। जितना आप आन्तरिक ऊर्जा का इस्तेमाल करेंगे, आप उतना बाहरी शक्ति को आकर्षित करेंगे। आप वही काम करें, जिससे आप ख़ुशी अनुभव करें। हर वक़्त अपने आपसे पूछिए कि आप किसमें ख़ुश हैं? जिसमें आप ख़ुश हों, वही काम कीजिए। अतीत की मुश्किलों, सांस्कृतिक परम्पराओं एवं सामाजिक धारणाओं को छोड़कर अपनी सृष्टि के निर्माता आप स्वयं हैं। यदि ये सब वस्तुएँ आपके जीवन के निर्माण में बाधा बन रही हैं तो ये आपके जीवन से बड़ी नहीं हैं। इसका मतलब यह नहीं कि इनका खुला निरादर शुरू कर दें। इनमें जो अच्छी हैं, उन्हें अपनाइए! जो अच्छी नहीं हैं, उन्हें छोड़ दीजिए!

हमें यह भी याद रखना है कि जो व्यक्ति ज़्यादा असफल हुआ, वह सफल व्यक्ति की तुलना में ज़्यादा अनुभवी होगा। उसके प्रति हमें नकारात्मक विचार नहीं रखते हुए, सिर्फ़ उसके अनुभव के आधार पर उसके द्वारा हुई असावधानियों को रेखांकित कर उससे सीख लेना लाभदायक होता है।

वास्तव में अधिकारी एवं मालिक में बहुत बड़ा अन्तर होता है। अंग्रेज़ी भाषा का शब्द (Boss) आपका अधिकारी होता है तथा मालिक आपका (Leader) होता है। दोनों के काम करने के तरीक़ों में भिन्नता होती है। अधिकारी अपने अधीनस्थ साथियों में काम बाँटता है और उनका मार्गदर्शन करता है; जबकि मालिक अपने लोगों को संगठित और संचालित करता है। अधिकारी की भाषा आदेशात्मक होती है जबकि मालिक की भाषा सकारात्मक, सुझावात्मक एवं सहयोगी भावना की होती है।

---

1. कोशिश करने वालों की हार नहीं होती।
डरकर के नौका पार नहीं होती! –सोहनलाल द्विवेदी

उक्त अन्तर को समझने के लिए निम्नांकित बिन्दु पर विचार करना तथा उन्हें जीवन में उतारना आवश्यक है–

- अधिकारी अपने अधिकारों के अधीनस्थ होता है, जबकि मालिक अपनी नेतृत्व क्षमता के आधार पर मार्गदर्शन करता है।
- अधिकारी कहता है, "मैं यह करता हूँ। मैं यह करूँगा। मैं ऐसा नहीं होने दूँगा।" जबकि मालिक कहता है? "हम ऐसा करेंगे, हम ऐसा नहीं होने देंगे।"
- अधिकारी किसी काम के न होने पर तुरन्त ग़लती अपने अधीनस्थों पर डाल देता है और हर वक़्त अपने आपको हर कमी या विफलता से बचाने की कोशिश करता है। जबकि मालिक तुरन्त ग़लती स्वीकार करता है तथा दूसरों पर आरोप न लगाकर उस ग़लती को ही ठीक करता है।
- अधिकारी काम करवाता है और काम करवाने पर विश्वास करता है। मालिक काम कैसे करना है? यह बताता है तथा वक़्त आने पर ख़ुद काम करने लग जाता है। वह किसी भी सूरत में काम को बिगड़ने नहीं देता है।
- अधिकारी कहता है, "चलो!" मालिक कहता है, "चलो चलें!"

बदक़िस्मती (असफलता) एवं दुःखों में ख़ुशनुमा बदलाव के अद्भुत अवसर छिपे होते हैं। यदि आपके हिस्से में अत्यधिक परेशानियाँ आयी हैं तो शायद वे इस बात की द्योतक हैं कि आपको किसी महान कार्य के लिए तैयार किया जा रहा है। इन परेशानियों का सामना करके आप में इस काम को करने के लिए बेहतर ज्ञान और सामर्थ्य की प्राप्ति होगी।

यदि हम किसी भी क्रिया, विचार या काम पर ध्यान केन्द्रित नहीं कर पाते हैं या पूरे मनोयोग से नहीं लग पाते हैं तो हम न तो सफल हो सकते हैं और न ही मन में शान्ति या ख़ुशी प्राप्त कर सकते हैं। अतः हमें मनोयोग से परिश्रम में लगना सीखना पड़ेगा। परिश्रम में मनोयोग की यह कला आती है–ध्यान अथवा एकाग्रता से! इसका मतलब है–शान्त मन से एकान्त में बैठकर अपने आप से बात करना, अपने मन-मस्तिष्क पर क़ाबू पाना और अपने मन पर नियन्त्रण बनाना! यह एक दिन में नहीं होता। इसके लिए सतत प्रयास करना पड़ता है। ऐसा निरन्तर प्रयास करने से मन में थोड़ा-थोड़ा नियन्त्रण आना प्रारम्भ होने लगता है। यह आप स्वयं अनुभव करने लगेंगे।

अपने आप को पहचानना एवं दूसरे के बारे में शान्त मन से आकलन करना, अपने आप को उसकी जगह बैठाकर सोचना और फिर अपनी प्रतिक्रिया देना और

अपना विचार बनाना सबसे अच्छा रहता है। हमेशा अपनी शक्तियों को सँभालकर पूरे मनोयोग से लगने से मन में सोचा काम पूरा होता है। ऐसा मेरा मानना है।

थोड़ा लीक से हटकर, थोड़ा बेहतर कार्य करके एवं थोड़ा प्रस्तुति का तरीक़ा विशिष्ट बनाकर परिवार में, समूह में, समाज में, कार्यक्षेत्र में, भीड़ में अपनी विशिष्टता बनायें! इससे आपकी पहचान बनेगी। इसके लिए आपको अध्ययनशील बनना होगा एवं भाषा में परिमार्जन करना होगा। तब ही लोग आपके व्यक्तित्व एवं गुणों को मानेंगे, आपकी विशिष्टता का सम्मान करेंगे और उसे महत्त्व देंगे। इसके लिए हमें ऐसे गुणों का विकास करना होगा, जो अन्य लोगों के व्यवहार में न हों। इसके लिए ऐसी पुस्तक पढ़नी होगी जो अन्य लोग न पढ़ते हों; ऐसी वाणी बोलनी होगी जो अन्य लोग न बोलते हों। यदि आपको सफल व्यक्तित्व का धनी बनना है तो आपको यह सब अनवरत करते रहना पड़ेगा। यही अपने आप को तथा अपनी कार्य-क्षमता को पहचानने की विधि है। इसे पहचानकर ही आप जीवन में क्रियाशील होकर सफलता प्राप्त कर सकते हैं।

जीवन में हम बहुधा दूसरों के बारे में विश्लेषण करते रहते हैं, उनकी कमियों एवं अच्छाइयों का लेखा-जोखा रखते हैं और उल्टे-सीधे निष्कर्ष के आधार पर उस व्यक्ति के बारे में अपनी धारणा बनाते रहते हैं। पर सोचने की बात यह है कि हम अपने बारे में आवरण डालकर बाहरी साज-सज्जा के बारे में ही सोचते हैं। इसके बजाय हमें हमारे स्वभाव में क्या बदलाव आ रहा है? हमारी वाणी एवं शब्दों पर हम कितना नियन्त्रण रख पा रहे हैं या नियन्त्रण खो चुके हैं? हम कितने अनुशासित हैं? हम खान-पान एवं अन्य चीज़ों में कितना संयम बरत रहे हैं? इन बुनियादी तथ्यों पर भी हमें स्वयं के सम्बन्ध में समय-समय पर एकान्त में बैठकर सोचना चाहिए। हमारी किसी ग़लत आदत, जिसे हम सही मान रहे हैं, पर दूसरा टोकेगा तो हमें बहुत बुरा लगेगा। इसके लिए आत्मचिन्तन द्वारा अपनी शुद्धि हमें स्वयं ही करनी होगी। अपनी स्वयं की बाहरी एवं आन्तरिक देख-रेख, साज-सज्जा एवं साफ़-सफ़ाई का पूरा ध्यान रखने पर ही आपका व्यक्तित्व आकर्षक हो सकेगा। आप इस भ्रम में न रहें कि हम जो कर रहे हैं, वह सब सही कर रहे हैं तथा हमें किसी के सुझाव की ज़रूरत नहीं है। ऐसा सोचना स्वयं के व्यक्तित्व के विकास में सबसे बड़ा अवरोध है।

कोई आदमी तब तक नहीं हारता, जब तक कि वह मैदान छोड़कर न भाग जाये! यानी मन में अगर आपने हार मान ली तो हार तय है। मन से हारे हुए लोग विजेता बन ही नहीं सकते। मन से हारे हुए लोग जब असफल होते हैं तो दोबारा

उठने की हिम्मत नहीं कर पाते हैं और रोना रोते हैं। जबकि विजेता असफल होते ही, पहले असफल होने की बात भूल जाते हैं और उससे सबक लेकर, फिर से दोगुनी ऊर्जा के साथ नयी रणनीति बनाते हैं। फिर से 'एक बार और' की सोच के साथ आगे बढ़ते हैं। याद रखना! आपको आपकी पिछली ग़लती से सबक लेकर ही आगे बढ़ना है। पिछली बार जो ग़लती हुई है, उसे फिर कभी नहीं दोहरानी है! *सचमुच–मन के हारे हार है, मन के जीते जीत!*

हम समाज में व्याप्त किसी भी समस्या को तब तक टालते रहते हैं, जब तक वह हमारे दरवाज़े पर दस्तक नहीं दे देती है। कई बार तो हम समस्या को समस्या मानने को भी तैयार नहीं होते हैं। जब वह समस्या हमारे सिर पर आ पड़ती है, तब तक वह इतनी गम्भीर हो चुकी होती है कि उसको सिर्फ़ फैलने देने के अलावा हमारे पास और कोई विकल्प ही नहीं बचता है। मानव मन की यह मनोवृत्ति समाज की सबसे बड़ी कमज़ोरी है और यही सामाजिक जीवन की बड़ी समस्या है। यह जानबूझकर अपने आप को धोखा देना है। यह मानव होते हुए भी मानवता के उदात्त विचारों से पलायन करना है। अत: समस्या के उत्पन्न होते ही उसका हल ढूँढ़ने की आवश्यकता है।

जो हम दूसरों को देंगे, वही लौटकर हमारे पास आयेगा। चाहे वह इज़्ज़त हो, सम्मान हो या फिर धोखा!

बदलना है ख़ुद को, तो करना बस एक काम!
ठान ले इन्सान दिल से, तो सब कुछ है आसान!!

5
स्वास्थ्य और सफलता

ईश्वर की असीम अनुकम्पा से ही हम मनुष्य जीवन पाते हैं और अच्छा स्वास्थ्य भी उसकी कृपा से ही प्राप्त होता है।

एक प्रसिद्ध सूक्ति है–पहला सुख निरोगी काया! अत: अपने स्वास्थ्य को हमेशा स्वस्थ रखने का प्रयास करें! इस पर ध्यान दें! अपना शरीर अगर स्वस्थ नहीं होगा तो दुनिया के सारे आराम, सुख-सुविधाएँ एवं ख़ुशियाँ आपके लिए बेकार हो जायेंगी! इसके लिए आवश्यक है कि भोजन पर नियन्त्रण रखिए! कम खाइए, ख़ूब चबाकर खाइए।[1] अच्छा खाना खाइए! भोजन का शरीर और स्वास्थ्य से बहुत ही अनूठा सम्बन्ध है। भोजन का सत्व ही रक्त बनकर शरीर की शिराओं और धमनियों में प्रवाहित होता है। यह रक्त संचालन संस्थान ही हमारे विचारों को प्रभावित करता है। ये विचार ही हमारे चरित्र को अभिव्यक्त करते हैं। क्योंकि विचारों का प्रभाव दिमाग़ पर भी पड़ता है। अत: हमारा भोजन जितना सात्विक एवं पौष्टिक होगा, विचार भी उतने ही सन्तुलित रहेंगे। अत: सन्तुलित आहार कीजिए! इससे मन में अच्छे विचार आयेंगे और वे हमारे व्यक्तित्व एवं विचारों को सन्तुलित बनायेंगे। अत: भोजन में फल एवं फलों के जूस एवं दही का ज़्यादा प्रयोग कीजिए। चटपटे व्यंजन बुद्धि और शरीर दोनों में विकृति उत्पन्न कर देते हैं।

अच्छे स्वास्थ्य के लिए आवश्यक है कि जब भी समय मिले, घूमने अवश्य जाइए। जब आप किसी पार्क में या जंगल में जायेंगे, वहाँ की प्राकृतिक सुन्दरता एवं वहाँ का शान्त वातावरण आपको कुछ ताज़गी देगा, कुछ नया एवं नूतन देगा। जीवन में नयी ऊर्जा भरेगा और आपको आगे बढ़ने का साहस देगा। अगर आप किसी कार्यालय में कार्यरत हैं और आप पर दायित्व का अधिक भार है। यदि आप लम्बे अवकाश पर नहीं जा सकते हैं तो छोटा अवकाश ज़रूर लीजिए। कुछ न हो तो अपने ऑफ़िस में कुछ क्षणों के लिए आँखें बन्द कर चुपचाप बैठ जाइए! सारी

1. कम खाना और ग़म खाना सदैव अच्छा है। यह जीवन में सफलता के द्वार खोल देता है।

मुलाक़ातें बन्द कर दीजिए, जिससे आप में नयी ताज़गी एवं शक्ति का पुनर्जागरण होगा और आप ज़्यादा ऊर्जा के साथ काम कर सकेंगे!

यदि आप स्वस्थ रहना चाहते हैं तो आपको समय का प्रबन्धन भी आना चाहिए। अधिकांश व्यक्तियों में शारीरिक एवं मानसिक रोगों के होने का मूल कारण उनके समय का कुप्रबन्धन ही होता है। अत: कुप्रबन्धन से बचो! समय का सुप्रबन्धन व्यक्ति के जीवन में सफलता के द्वार खोलता है।

ज़रूरत से अधिक सोच-विचार कर अनिर्णय की स्थिति में रहना, एक तरह का मानसिक रोग है। कुछ लोग ऐसा जानबूझकर इसलिए करते हैं, क्योंकि वे निर्णय के विपरीत परिणाम को अपने ऊपर नहीं लेना चाहते हैं। वे बड़े चालाक एवं भीरु क़िस्म के लोग होते हैं। परिणाम अच्छा निकला तो वे कहेंगे–'हमने किया' और अपेक्षित नहीं निकला तो उसे वे दूसरों पर थोप देंगे।

अधिक सोच-विचार में डूबे रहकर अनिर्णय की स्थिति में लम्बे समय तक रहना एक मानसिक बीमारी है। यह मनोवृत्ति घर, परिवार, समाज एवं राष्ट्र के लिए बहुत ही ख़तरनाक है। इस अनिर्णय की बीमारी से मानव को बचने की आवश्यकता है।

दुनिया में हो रहे शोध बताते हैं कि हम पहले की तुलना में मनोरोग के ख़तरे के अधिक नज़दीक हैं। क्योंकि हमारा मन पहले से ज़्यादा दुखी एवं अवसाद से भरा हुआ है। हम आये दिन डिप्रेशन का शिकार हो रहे हैं। कहीं ऐसा तो नहीं कि हमने अपनी क्षमता से अधिक महत्त्वाकांक्षाएँ पाल ली हैं? उदासी और निराशा संसार में सबसे बड़ी बीमारी है। हर चुनौती को गम्भीरता से लीजिए, किन्तु ऐसा न हो कि आप मुस्कान के लिए तरस जायें! अत: अपनों क़े बीच बैठिए! सहज बनिए एवं शारीरिक और मानसिक दृष्टि से स्वस्थ रहिए!

6
विचार और लक्ष्य

एक बहुत ही प्रसिद्ध लोकोक्ति है, "स्वस्थ शरीर में ही स्वस्थ मस्तिष्क का निवास होता है।"[1] मानव शरीर में मस्तिष्क अर्थात् दिमाग़ ही विचारों का जनक है, जो ज्ञानेन्द्रियों के माध्यम से स्नायु संस्थान को सक्रिय कर उत्प्रेरण द्वारा मनुष्य के लिए जीवन में सफल होने की पृष्ठभूमि का निर्माण करता है।

वस्तुत: विचारों का पावर हाउस है–दिमाग! यह मनुष्य के लिए कुदरत का सबसे बड़ा उपहार है! यह दिमाग़ ही मनुष्य के लक्ष्य को निर्धारित करता है। यह मनुष्य के शरीर में एक ऐसा शक्तिशाली विचारोत्पादक यन्त्र है, जो कभी आराम नहीं करता। इसमें विचार जन्म लेते हैं और सम्प्रत्यय संग्रहित रहते हैं। जब तक मनुष्य ज़िन्दा है, उसका दिमाग़ काम करता रहता है। इस दिमाग़ को मुख्य रूप से दो भागों में बाँटा जाता है। एक चेतन दिमाग़ एवं दूसरा अवचेतन दिमाग!

जब बच्चा जन्म लेता है तब उसका पूरा दिमाग़ अवचेतन दिमाग़ ही होता है, किन्तु धीरे-धीरे उसके दिमाग़ का 15 प्रतिशत हिस्सा चेतन दिमाग़ का रूप ग्रहण कर लेता है तथा 85 प्रतिशत हिस्सा अवचेतन दिमाग़ ही होता है। चेतन दिमाग़ द्वारा ही हम चीज़ों को देखकर, सुनकर, पढ़कर, अनुभव कर, सूँघकर चखकर, छूकर निर्णय लेते हैं और सम्प्रत्यय के रूप में संग्रहित करते हैं। ये सब कार्य चेतन दिमाग़ के होते हैं। इस 15 प्रतिशत चेतन दिमाग़ का भी लोग मुश्किल से 2 या 3 प्रतिशत इस्तेमाल करते हैं। बहुत ही कम लोग 85 प्रतिशत अवचेतन दिमाग़ का सही इस्तेमाल कर पाते हैं। 95 प्रतिशत लोग तो इसका इस्तेमाल ही नहीं करते हैं। कुछ लोग करते भी हैं तो इसका ग़लत इस्तेमाल करते हैं। वह मानवता के हित में नहीं होता है। आवश्यकता इस दिमाग़ के मानव हित में उपयोग करने की है। तब ही सभ्यता और संस्कृति का विकास सम्भव होगा।

---

1. "A sound mind lives in a sound body." –A proverb.

अब यदि चेतन दिमाग़ के उपयोग की चर्चा करें तो यह परिवेश में व्याप्त जड़-चेतन या चराचर को देखकर, सुनकर, सूँघकर, छूकर, चखकर और पहले से उपलब्ध साहित्य को पढ़कर अपने जीवन को सँवारने के लिए स्वअनुभव जोड़ते हुए विचार करता है। उन विचारों द्वारा दिमाग़ व्यक्ति को काम करने के लिए आदेश देता है। इस प्रकार ये ज्ञानेन्द्रियाँ मनुष्य को सक्रिय बनाती हैं, जिससे मनुष्य के जीवन के लक्ष्य का मार्ग प्रशस्त होता है।

इसका अर्थ यह हुआ कि दिमाग़ का 15 प्रतिशत हिस्सा निर्णय लेता है, जो चेतन है। शेष 85 प्रतिशत दिमाग़ का हिस्सा उस निर्णय की पालना करता है। वह 85 प्रतिशत दिमाग़ हर हालत में चेतन मस्तिष्क द्वारा निर्णय किये गये आदेश को पूरा करने का प्रयास करता है। अगर इसे और अधिक सरल शब्दों में समझा जाये तो यह कि चेतन दिमाग़ राजा है एवं अवचेतन दिमाग़ राजा का आज्ञाकारी मन्त्री, जो राजा के निर्णय को लागू करने के लिए बाध्य है। उसको न तो सवाल पूछने का अधिकार है और न मना करने का अधिकार है। जब तक चेतन दिमाग़ दूसरा आदेश नहीं देगा, वह वही काम करता रहेगा, चाहे कुछ भी हो जाये। यह जो अवचेतन दिमाग़ है, इसके पास असीम शक्ति है। यह अपने आका के निर्णय को लागू करने के लिए सैकड़ों तरक़ीबें आपको बताता है। यही आपको बताता है कि इस काम को करने के लिए हमें क्या-क्या करना चाहिए, किस-किस से मिलना चाहिए और किस तरीके से इस काम को किया जा सकता है? अवचेतन दिमाग़ में असम्भव नाम की कोई चीज़ नहीं है। वह असम्भव को सम्भव बनाने में लग जाता है। उसका काम इतना ही है कि जो चेतन दिमाग़ ने कहा, बस उसे करना है। आपने अपने चेतन दिमाग़ में जो सोचा, उसे अवचेतन दिमाग़ पूरा करता है। जैसे आपने सुबह-सुबह एक काली बिल्ली देख ली और मन में सोच लिया कि आज का दिन तो ख़राब हो गया।

आप यक़ीन मानिए कि दिन-भर में आपसे कुछ न कुछ काम ऐसा हो जायेगा कि आपका दिन स्वत: ख़राब हो जायेगा। इसमें बिल्ली का दोष नहीं है, दोष आपके चेतन दिमाग़ के आदेश का है। आपके चेतन दिमाग़ ने आदेश दिया कि दिन ख़राब हो जाये तो दिन ख़राब हो गया। इसी प्रकार आपने सोचा कि मुझे एक महीने में नयी गाड़ी लानी है। आपने अपने अवचेतन दिमाग़ को यह आदेश दे दिया। बस वह लग गया और उसने अपने सारे संसाधनों एवं सम्बन्धों के घोड़े खोल दिये और उसने नयी गाड़ी लाकर ही दम लिया।

अपने दिमाग़ में दिन में हज़ारों विचार आते हैं। कौन-सा सही एवं कौन-सा ग़लत, यह निर्णय अपना चेतन दिमाग़ लेता है। जो विचार आपके दिमाग़ में बार-

बार घूमता है, वह फ़ाइल के रूप में अवचेतन दिमाग़ को ट्रांसफर हो जाता है। जैसे ही वह विचार अवचेतन दिमाग़ में आता है, वहाँ पर उपलब्ध हर कोशिका उसको महसूस करती है एवं उसका एक ब्लूप्रिंट तैयार हो जाता है।

जैसे ही आपके दिमाग़ में उस कार्य का ब्लूप्रिंट बना, बस तुरन्त अवचेतन दिमाग़ उसको पूरा करने में लग जाता है। अवचेतन दिमाग़ में आपके विचारों की या निर्णयों की तरंगें तैयार होती हैं, जो ब्रह्माण्ड में विचरण शुरू करती हैं। ये तरंगें उन सभी समान विचारों को आकर्षित करती हैं, जो आपके उद्देश्य या लक्ष्य को पूरा करने में बड़ा सहयोग करती हैं। इस ब्रह्माण्ड में वह सब कुछ है, जिसको आप चाहते हो। इसलिए सबसे पहले तो इस बात को पक्का कर लीजिए कि आपको क्या चाहिए और क्यों चाहिए? हमेशा याद रखें जब भी माँगें, अच्छा माँगें! किसी का अपयश या अहित न माँगें! ज्योंही आपने अच्छी तरह सोच-समझकर माँगा, अवचेतन दिमाग़ इसका ब्लूप्रिंट बनाकर ब्रह्माण्ड की ओर चुम्बकीय तरंगों के रूप में फेंक देता है और शरीर की सारी शक्तियाँ एवं दुनिया के सारे संसाधन आपकी उस शुभ इच्छा को पूरा करने में लग जाते हैं। एक बार तो यह चमत्कार-सा लगता है, पर ऐसा होता है। इस ब्रह्माण्ड में अनगिनत शक्तियाँ होती हैं। वे सभी आपकी इच्छाओं को पूरा करती हैं, बस आवश्यकता यह है कि आप ईमानदारी से माँगिए! अपने पर विश्वास कीजिए और अपने लक्ष्य से मत हटिए! लगातार प्रयास करते रहिए! एक दिन लक्ष्य को आप अवश्य प्राप्त करेंगे और सफल होंगे।

इसलिए मैं फिर कहता हूँ कि जब भी आप मन में कोई इच्छा या लक्ष्य निर्धारित करें, बहुत सोच-समझकर करें! उसे लिखकर-पढ़कर तय किया जाना चाहिए। इसके लिए आवश्यक है कि वह सर्वजन हिताय एवं सर्वजन सुखाय हो! जब एक बार लक्ष्य निर्धारित हो जाये, यह काम चेतन दिमाग़ करता है। आप उसे बार-बार दोहराइए, लिखिए, पढ़िए, उसके सपने देखिए, उसको पाने की तीव्र इच्छा रखिए! लक्ष्य धीरे-धीरे आपके अवचेतन दिमाग़ में पहुँच जायेगा और आपके अवचेतन दिमाग़ की सारी शक्तियाँ उस लक्ष्य को वास्तविक रूप देने में ब्रह्माण्ड की शक्तियों के साथ लग जायेंगी।

अब सवाल उठता है कि कोई भी विचार, लक्ष्य या इच्छा अवचेतन दिमाग़ में किस समय पहुँचाई जाये? ऐसा माना गया है कि जब हम प्रार्थना की अवस्था में हों, बिल्कुल शान्त चित से या जब सोने जा रहे हों या तब न नींद में हों और न जाग्रत अवस्था में! इसे हम अर्द्ध चेतन अवस्था कहते हैं। उस समय अपनी तीव्र इच्छा या विचार को अवचेतन दिमाग़ में पहुँचाइए! उसका एक ब्लूप्रिंट अपने दिमाग़ में

बनाइए! ऐसा होता हुआ महसूस कीजिए और उसको पाने के लिए अथक प्रयास प्रारम्भ कीजिए! उस पर विश्वास कीजिए और अपने लक्ष्य को प्राप्त करने का प्रयास कीजिए! अवचेतन दिमाग़ कभी सोता नहीं है। वह हर समय काम करता है। यहाँ तक कि वह सोते हुए भी काम करता है। यह आपका सबसे वफ़ादार सेवक है।

आपने कभी देखा होगा कि जब आप शुरुआत में गाड़ी चलाते हैं, आप बड़े सावधान होकर ब्रेक, हॉर्न, गियर एवं साइड मिरर का इस्तेमाल करते हैं। आप बहुत ही सावधानीपूर्वक सोच-समझकर, देखकर गाड़ी चलाते हैं। उस वक़्त आप चेतन दिमाग़ का उपयोग करते हुए गाड़ी चला रहे होते हैं। धीरे-धीरे आपका अभ्यास हो जाता है और तब आप बेफ़िक्र हो जाते हैं। वह प्रक्रिया अभ्यास में आ जाती है। गाड़ी चलाते समय आप कुछ अन्य बात भी सोच लेते हैं। पर जब भी ब्रेक लगाना या गियर बदलना आवश्यक होता है, आप अपने आप वह सब कार्य करने लग जाते हैं, क्योंकि ये सभी सावधानियाँ आपके अवचेतन दिमाग़ में पहले से ही भरी हुई हैं, जो वक़्त आने पर और आवश्यकता होने पर अपने आप वे सभी कार्य आपसे करवा लेती हैं।

इसी प्रकार आपको एक साल या छह महीने पहले पढ़ी हुई विषयवस्तु भी परीक्षा भवन में सहज में याद आ जाती है, क्योंकि वह विषयवस्तु आपके अवचेतन दिमाग़ में पहले से रिकॉर्डेड होती है। अवचेतन दिमाग़ में आप जो भी चीज़ मन लगाकर रखते हो, सुनते हो, महसूस करते हो, छूते हो, खाते हो, वह सब हू-ब-हू रिकार्ड हो जाता है और जब आपको उसकी ज़रूरत होती है वह उसका प्रत्यास्मरण कर उसकी आपको याद दिला देता है। इस प्रकार अवचेतन दिमाग़ एक तरह से कुदरत का बनाया हुआ सुपर सॉफ्टवेयर तथा चेतन दिमाग़ कुदरत का बनाया हुआ सुपर हार्डवेयर है। ये दोनों मिलकर एक सुपर कम्प्यूटर हैं। जैसा कि हम जानते हैं कि कम्प्यूटर का एक सिद्धान्त है Garbage in, Garbage out.

अब सवाल यह उठता है कि इस सुपर कम्प्यूटर को अपने विकास, उन्नति एवं सुखमय जीवन के लिए इस्तेमाल किया जाये या आप अपने जीवन को हर समय दु:ख, विषाद, तनाव तथा हीनभावना से ग्रसित रखना चाहते हैं। यह आप पर निर्भर करता है। यह एक ऐसा यन्त्र है जो आपको ज़ीरो से हीरो बना सकता है। यह सब इस बात पर निर्भर करता है कि आप अपने रोज़मर्रा के कार्यों को कैसे लेते हैं। यदि आपकी सोच सकारात्मक है और आपकी सबको साथ लेकर आगे बढ़ने की इच्छा है। यदि आप सभी का भला चाहते हैं। यदि आप समाज में कुछ कर गुज़रना चाहते हैं। यदि आपके मन में दया, करुणा, सहयोग, सहकार के भाव हैं। यदि

आप ख़ुदगर्ज़ नहीं हैं। यदि आप स्वार्थी एवं मतलबी नहीं हैं। यदि आप समाज के अच्छे लोगों के बीच उठते-बैठते हैं। यदि आप अच्छी किताबें पढ़ते हैं; आप हमेशा सच्चाई का साथ देते हैं तथा शोषण के घोर विरोध में हैं तो आपके मन में स्वत: अच्छे विचार आयेंगे। वे अच्छे विचार ही अच्छे लक्ष्य बनेंगे और वे लक्ष्य ही आपके अवचेतन दिमाग़ में जायेंगे और फिर आपका अवचेतन दिमाग़ आपको एक सफल व्यक्तित्व बनाने की ओर अग्रसर हो जायेगा और एक दिन आप बड़े नेक इन्सान बन जाओगे। वह आपको आवश्यक धन-दौलत, शोहरत, सम्मान आदि सभी कुछ देगा और इतना देगा जिसकी आप कल्पना भी नहीं कर सकते हैं।

यदि आप स्वभाव से शक्की, चालाक, मतलबी, ख़ुदगर्ज़, स्वार्थी, सभी व्यसनों से युक्त, हड़बड़ी वाले बेसबरे, क्रोधी, घमण्डी आदि हैं तो आपके दिमाग़ में वैसे ही विचार आयेंगे एवं वैसे ही आपका अवचेतन दिमाग़ काम करेगा। ऐसा होने पर आपको वे अच्छा-ख़ासा विलेन बना देंगे। सारा खेल आपकी सोच, आस-पास के वातावरण, आपकी मानसिकता, आपके परिवेश का है। यदि आप अच्छा चाहोगे तो अच्छा ही होगा।

इस सारे विश्लेषण से यह समझ में आता है कि आपका अपना दिमाग़ ही ब्रह्माण्ड का एक हिस्सा है। पिण्ड ही ब्रह्माण्ड है और ब्रह्माण्ड ही पिण्ड! इसलिए आप अपने भविष्य के निर्माता ख़ुद हैं। यदि आप ख़ुश रहना चाहते हो तो आपको दुनिया की कोई ताक़त दुखी नहीं कर सकती है और यदि आप दुखी हैं तो बाहरी दुनिया आपको लाख चाहकर भी ख़ुश नहीं कर सकती है! ख़ुश होने के लिए आपको अपने अवचेतन दिमाग़ को आदेश देना होगा।

एक और बात बहुत ही महत्त्वपूर्ण है कि दुनिया में कोई दिमाग़ से कमज़ोर नहीं होता। भगवान या कुदरत सबको बराबर दिमाग़ देती है। कोई बच्चा कमज़ोर या मन्दबुद्धि इसलिए हो जाता है कि उसको हमारे द्वारा बार-बार यह बोलकर कि वह कमज़ोर है, मन्दबुद्धि है, उसके अवचेतन दिमाग़ में रटवा दिया जाता है कि तू कमज़ोर है तो वह वास्तव में कमज़ोर हो जाता है। उसमें हीनभावना विकसित हो जाती है। उसका अवचेतन दिमाग़ सही या ग़लत का निर्णय नहीं कर पाता है। यदि आप बार-बार गधे को घोड़ा बोलोगे तो अवचेतन दिमाग़ गधे को घोड़ा ही मान लेगा।

जैसा कि पहले भी कहा गया है कि जब अवचेतन दिमाग़ किसी विचार को स्वीकार कर लेता है, वह उस पर काम चालू कर देता है और उस विचार को सत्य या साकार साबित करने में लग जाता है।

दोस्तो! अपना अवचेतन दिमाग़ विश्वास के सिद्धान्त पर काम करता है। आप अपने चेतन दिमाग़ में जो भी लक्ष्य निर्धारित करते हैं, वह सोचकर, समझकर, लिखकर सारी ही परिस्थितियों एवं वातावरण को मद्देनज़र रखकर निर्धारित करें! फिर उसे प्राप्त करने की तीव्र इच्छा करें! उसको बार-बार दोहराएँ, पूरी तरह से अपने अवचेतन दिमाग़ में बैठा लें और फिर उस लक्ष्य को प्राप्त होता हुआ महसूस करें। लक्ष्य प्राप्त होने पर आप क्या करेंगे, उसकी भी कल्पना करें! फिर आप देखें, कैसे आपके लक्ष्य पूरे नहीं होते हैं? वे अवश्य ही पूरे होंगे। यदि आपको स्वयं को अपने लक्ष्य पर शंका है तो आपका अवचेतन दिमाग़ इस पर कभी भी कार्य नहीं करेगा। अत: सकारात्मक सोच के साथ लक्ष्य निर्धारित करें एवं उसे प्राप्त करने में जुट जायें!

विचार को लक्ष्य तक पहुँचाने में आपकी ज्ञानेन्द्रियाँ आपको आदेश देती हैं और आप सफलता के मार्ग पर अग्रसर होते हैं। विचार, लक्ष्य निर्धारण, प्रयास और सफलता ही जीवन का क्रम है। कोई अच्छा लक्ष्य निर्धारित कीजिए! सफलता आपकी प्रतीक्षा कर रही है।

7
समय का सदुपयोग

जीवन में लक्ष्य प्राप्ति के लिए समय का सदुपयोग आवश्यक है। जिसने समय के महत्त्व को समझ लिया, वह व्यक्ति अवश्य सफल होता है। इसे यों कहा जा सकता है कि जीवन में सफलता का अर्थ है–समय का सदुपयोग! मानव जीवन में सफलता का समय के सदुपयोग से सीधा सम्बन्ध है। जो जीवन से प्यार करते हैं, वे आलस्य में समय नहीं खोते! अत: जीवन में सफलता के लिए सही समय पर 'हाँ' या 'ना' कहना सीखें, ताकि बाद में आपको पछताना न पड़े।

यदि आप यात्रा कर रहे हैं तो उस अवधि में समय का उपयोग कीजिए! यदि आप रेलगाड़ी या बस या कार में हैं तो आप अपने संसाधन से कोई अच्छी प्रेरक सी. डी. सुनिए या कोई अच्छी मूवी देखिए! आपका मस्तिष्क का सन्तुलन बना रहेगा। मन अच्छा लगेगा, रास्ता सुगम होगा और समय भी आसानी से व्यतीत हो जायेगा। कई बार हम जाम में फँस जाते हैं, अपनी सीट पर कूदते रहते हैं तथा दुनियाभर के नकारात्मक विचार मन में लाते हैं, उससे बचने का यही तरीक़ा है कि उस समय का सदुपयोग करें। कोई पुस्तक पढ़िए! यात्रा में कोई न कोई पुस्तक साथ रखिए। इससे बढ़कर श्रेष्ठ अन्य कोई भी मित्र नहीं हो सकता है।[1]

समय का सदुपयोग करने के लिए अख़बार एवं न्यूज़ चैनल सूचना पाने हेतु पढ़िए-देखिए! यदि उसमें कोई पढ़ने की चीज़ है तो आपकी पसन्द का सम्पादकीय लेख या किसी विषय पर टी.वी. में चल रही कोई बहस हो सकती है! बस, इससे ज़्यादा कुछ नहीं। नकारात्मक ख़बरें, कहानियाँ एवं चलचित्र आपको अकल्पित तनाव के अलावा कुछ नहीं देते हैं।

यदि कोई यह कहता है कि मेरे पास समय नहीं है तो यह कहना मिथ्या है। ईश्वर ने सबको 24 घण्टे का समय दिया है। आपके पास भी प्रतिदिन उतना ही समय है, जितना दूसरे सफल होने वाले व्यक्तियों के पास है। हमें समय नहीं मिलता है,

---

1. Books are good friends. They always guide you. –A proverb.

यह कहना अनावश्यक है। आप समय का नियोजन करना सीखिए! आपकी दिनचर्या में अपने समय के मालिक आप स्वयं बनिए! दूसरे को इसका मौक़ा कम दीजिए! शान्त स्वभाव के साथ सोच-विचारकर अपने समय का नियोजन कीजिए! जीवन में सफल होने का यही सबसे बड़ा रहस्य है। किसी भी क़ीमत पर अपनी दिनचर्या को बिगड़ने न दें, इससे आपकी मानसिक शान्ति भंग नहीं होगी, सन्तुलन बना रहेगा और आपके अपेक्षित कार्य समय पर पूरे होंगे।

इसके लिए आवश्यक है कि आप समय के साथ चलना सीखिए! क्योंकि पूरी दुनिया उथल-पुथल से गुज़र रही है। दिन-ब-दिन परिवर्तन हो रहा है। उसमें पुरातन कालातीत मूल्य विलोपित हो रहे हैं तथा युग सापेक्ष नवीन मूल्य जुड़ रहे हैं। सामाजिक जीवन के मूल्य बहुत तेज़ी से सतत बदल रहे हैं। हमारे पर इस परिवर्तन का असर होना स्वाभाविक है। इस असर ने ही तो सभ्यता और संस्कृति का विकास किया है। परिवर्तन प्रकृति का नियम है। इस परिवर्तन की धारा में शाश्वत जीवनमूल्यों को अंगीकार करते हुए साहसी बनकर अग्रणी बनिए! इसके लिए जीवन में सुख-दुःख के प्रति समान अनुभूति का अभ्यास करना अनिवार्य है। दुःख में निराश होने की आवश्यकता नहीं है। निराशा से ही आशा का मार्ग प्रारम्भ होता है। अतः धैर्य के साथ आशान्वित होकर आगे बढ़िए!

समय हमारे हाथ से रेत की तरह फिसलता जाता है। यह इतना तेज़ी से भागता है, जिसकी आप कल्पना भी नहीं कर सकते। अतः हमेशा वर्तमान में जीओ और हर दिन को ऐसे जीओ, जैसे आज जीवन का अन्तिम दिन हो! अतः कोई काम जो आज हो सकता है उसको कल पर टालना और आलस्य दिखाना बिल्कुल ग़लत है। मौत का अन्तिम सत्य हमेशा आपको याद रखना चाहिए और अपनी कार्ययोजना इसी प्रकार बनानी चाहिए। इस विचार से आप समय का समुचित उपयोग कर सकेंगे। एक क्षण की लापरवाही कभी-कभी बहुत बड़ी हानि पहुँचा सकती है। उदाहरणार्थ फ़सल सूखने के बाद वर्षा होने से क्या लाभ![1] इसी प्रकार समय पर की गयी एक सिलाई, बड़े संकट से बचा देती है।[2]

हर पुस्तक, हर भाषण, हर प्रवचन, हर मूवी को हठपूर्वक पूरी पढ़ने या सुनने या देखने का प्रयास मत कीजिए! अगर अच्छी लगे तो पूरा पढ़िए, सुनिए या देखिए! यदि नहीं तो छोड़ दीजिए और कोई काम जो अच्छा लगे, उसको पहले कीजिए!

1. का वर्षा जब कृषि सुखाने! –रामचरितमास, तुलसीदास जी।

2. A stitch in time, saves nine. –A proverb.

समय के बारे में यह निश्चित है कि आप उसे पहले से नष्ट नहीं कर सकते। यह तय है कि हर सुबह अपने साथ नया समय, नया अवसर और नयी आकांक्षाएँ लेकर आती है। अत: समय सबसे बड़ा धन है।[1] इसका सदुपयोग कीजिए! समय सबसे महत्त्वपूर्ण एवं तेज़ भागने वाली चीज़ है। किसी भी काम को कल पर मत टालो! कल, कल ही आता है। कल आज नहीं आ सकता! अत: समय बर्बाद करना सबसे बड़ा पाप है। जो समय के साथ चलना सीख गये, समय के साथ दौड़ना सीख गये; वे सफलता के शीर्ष पर पहुँच जायेंगे। इसमें कोई सन्देह नहीं है।

समय बदलता रहता है। इसके परिवर्तन से डरना और संघर्ष से कतराना, मनुष्य की सबसे बड़ी कायरता है। ऐसे मनुष्य अनुभव अर्जन से वंचित हो जाते हैं। बदलते समय के साथ अनुभव जो सिखाते हैं, वह संसार में कोई नहीं सिखा सकता। लोग यदि आपके सम्बन्ध में कभी किसी भी प्रकार की टीका-टिप्पणी या निन्दा करें तो घबराना मत! बस यह बात याद रखना कि हर खेल में दर्शक ही शोर मचाते हैं, खिलाड़ी नहीं!

ज़िन्दगी का हर दिन और हर समय क़ीमती है। किसी दिन को लेकर पश्चात्ताप न करें। अगर अच्छे दिन ख़ुशियाँ लाते हैं तो ख़राब दिन अनुभव देते हैं। ये दोनों स्थितियाँ ज़िन्दगी में सीखने के लिए बहुत महत्त्वपूर्ण हैं। किसी कार्य को करने के लिए जो लोग कहते हैं कि हमारे पास समय नहीं है, वे लोग आलसी हैं। जीवन कितना ही छोटा क्यों न हो, वह समय व्यर्थ गँवाने में और छोटा होता जाता है। यदि तुम्हें एक क्षण भी अवकाश का मिले तो उसे शुभ कार्य में लगाइए! क्योंकि कालचक्र बहुत ही क्रूर शासक है। वह कालचक्र बहुत तेज़ी से घूम रहा है। वह किसी को बख़्शता नहीं है।[2] बचपन खेल-कूद में बीत जाता है, यौवन उल्लास और उमंगों में! हाँ कहते वृद्धावस्था आ जाती है।

जो समय बर्बाद करते हैं, समय उन्हें बर्बाद कर देता है।[3] यहाँ यह ध्यान देना आवश्यक है कि आप केवल मिनिटों का ध्यान रखिए, घण्टे स्वयं आपका ध्यान रखेंगे!

मित्रो! कुदरत प्रतिदिन आपके खाते में 86,400 सेकंड उपलब्ध करवाती है। एक-एक क्षण जीवन के लिए महत्त्वपूर्ण है। यह आप पर निर्भर करता है कि आप इसमें से कितने सेकंड्स का इस्तेमाल अपने अच्छे के लिए करते हैं। क्योंकि

---

1. Time is supreme money. Don't waste it uselessly. –Proverb.
2. Time is a tyrant. It forgives none.–A proverb.
3. One who kills time, time kills him.

समय नाशवान है। दिन ख़त्म होने पर जिन सेकंड का आपने उपयोग नहीं किया, वे डिलीट हो जायेंगे! आप इसमें से कुछ भी बचाकर दूसरे दिन के लिए नहीं ले जा सकते हैं। इसलिए आप वर्तमान में जीओ। भूतकाल इतिहास बन चुका है, वह वापस नहीं आ सकता। भविष्य रहस्यमय एवं कल्पना मात्र है। वह उपलब्ध होगा या नहीं होगा, यह हम आज तय नहीं कर सकते हैं। जो कुछ है, आज है, वर्तमान है। वर्तमान समय का उपयोग करते हुए अच्छी तरह जीओ, उसका पूरी मुस्तैदी के साथ एवं पूर्ण मनोयोग से इस्तेमाल करो! जो समय हाथ से गया, वह वापस नहीं आ सकता है।[1] यदि एक साल का महत्त्व जानना हो तो उससे पूछो, जिसने लापरवाही में एक साल गुज़ारा, असफल हो गया और उसके दूसरे साथी आगे निकल गये। एक महीने का महत्त्व उस माँ से पूछो जिसने अपने बच्चे को एक माह पूर्व ही जन्म दे दिया। एक सप्ताह का महत्त्व एक साप्ताहिक पत्रिका के एडिटर से पूछो कि सप्ताह कितना जल्दी ख़त्म होता है। एक घण्टे का महत्त्व उस प्रेमी युगल से पूछो, जिसने अपने प्रिय साथी की प्रतीक्षा में एक घण्टा बिताया। एक मिनट का महत्त्व उस यात्री से पूछो, जिसके एक मिनट लेट होने की वजह से उसकी ट्रेन छूट गयी। एक सेकंड का महत्त्व उससे पूछो, जिसने एक सेकंड की सावधानी से अपने आपको भयंकर दुर्घटना से बचाया। एक सेकंड के भी कुछ भाग का महत्त्व, किसी दौड़ में भाग लेने वाले उस धावक से पूछो जिसने एक सेकंड के कुछ अंश में पिछड़कर अपना स्वर्ण पदक गँवाया है।

एक सफल व्यापारी से पूछा गया कि आपकी सफलता का क्या राज़ है? उसने कहा यह बड़ा सरल है, प्रश्नकर्ता ने पूछा वह क्या है? उसने कहा, "वह राज़ यह है कि मैं ठीक समय पर व्यापार के अवसर को पहचानता हूँ और उसको पकड़कर उस पर काम करता हूँ।" फिर प्रश्नकर्ता ने कहा, "वह सही समय क्या है?" इस पर उसने कहा, "सही समय एवं सही मौक़ा (अवसर) कभी तय नहीं होता, इसके लिए हर समय चौकन्ना एवं प्रयासरत रहना होता है।" क्रिकेट के मैदान में सही समय पर उठा हुआ बल्ला, सही समय पर बाल पर चोट करता है तो वह चौके या छक्के में बदल जाता है। यदि एक क्षण की देरी हो जाती है तो आउट होने का ख़तरा बना रहता है।

हम हमेशा अतीत की सुनहरी यादों से घिरे रहते हैं। उन्हें याद करते रहते हैं। वे पुरानी यादें कई बार हमारा वर्तमान ख़राब कर देती हैं। क्योंकि वर्तमान यथार्थ एवं

---

1. काल करै सो आज कर, आज करै सो अब्ब।
पल में परलै होयगी, फेर करेगा कब्ब।। –महात्मा कबीर।

कटु होता है। यथार्थ हमेशा उतना सुखद नहीं होता, जितना भूत का सुखद अनुभव एवं भविष्य की सुनहरी कल्पना! यह मानव स्वभाव है कि वह भूत के कष्ट भूलकर उसमें से अच्छाई ढूँढ़कर ही उसे याद रखता है तथा दूसरों को अपना अनुभव बताता है। हमें वर्तमान समय में जीना एवं आनन्द लेना सीखना होगा। वस्तुस्थिति कभी इतनी अच्छी नहीं होती, जिसकी हम कल्पना करते हैं या किसी का अनुभव सुनते हैं। कुछ अनुभव व्यक्तिगत होते हैं, जिनको कभी साझा नहीं किया जा सकता है और करना भी नहीं चाहिए।

जो समय हमारे विचारों में अनुकूल होता है, उस समय का कारवाँ इतनी तेज़ी से गुज़रता है कि हमारे समझने से पहले ही उसकी विदाई हो जाती है और शेष रह जाता है केवल पछताना![1] समय को मुट्ठी में नहीं बाँधा जा सकता है। उसका उपयोग करना ही लाभदायक होता है। जबकि प्रतिकूल समय इतना लम्बा और उबाऊ होता है कि काटे नहीं कटता। रोज़ नये-नये कष्ट, बाधाएँ एवं चुनौतियाँ लाता रहता है। यह प्रकृति का नियम है। इसे इसी रूप में स्वीकार करना चाहिए।

मित्रो, इसलिए समय के उपयोग का महत्त्व समझो, यह आपकी सफलता में बड़ा महत्त्वपूर्ण कारक है।

---

1. स्वप्न झरे फूल से, मीत चुभे शूल से।
लुट गये सिंगार सभी, बाग़ के बबूल से।
और हम खड़े-खड़े, बहार देखते रहे।
कारवाँ गुज़र गया, गुबार देखते रहे। –गोपालदास नीरज।

8
सकारात्मक सोच की प्रवृत्ति

मानव जीवन में व्यक्ति के सोचने के दो आयाम हैं। कुछ व्यक्ति अपने चिन्तन में सकारात्मक होते हैं तो कुछ नकारात्मक! दोनों एक-दूसरे के विपरीत ध्रुव हैं। सकारात्मक सोच का व्यक्ति आशावादी होता है, जबकि नकारात्मक सोच के व्यक्ति को निराशा घेरे रहती है। नकारात्मक सोच सफलता के मार्ग की सबसे बड़ी बाधा है। किन्तु धैर्यशील व्यक्ति नकारात्मक सोच का परिमार्जन करने के प्रयास से उसे सकारात्मक बना सकते हैं। इसके लिए व्यक्ति को केवल संकल्पित होने तथा समय का सदुपयोग करने की आवश्यकता है, जो सकारात्मक सोच से ही सम्भव होता है।

मन में डर एवं आशंका नकारात्मक सोच की जननी है। यह हमेशा असफलता को आमन्त्रित करती है। डर एवं शंका से आपके सोचने की शक्ति कम हो जाती है। यह शंका आपके आत्मविश्वास को अपंग बना देती है और आपके उत्साह को दबा देती है। आपके विचारों में बहाने बनाने एवं टालम-टोल करने की आदत को बढ़ावा मिलता है। आपकी याददाश्त को कुन्द करने के साथ आपकी तर्कशक्ति को समाप्त कर देते हैं। अत: मन से डर एवं आशंका को बाहर निकालना पड़ेगा। 'जो डर गया, वह मर गया!' डरा हुआ आदमी कभी सफल नहीं हो सकता। बहुत लोग ख़ुद अन्दर से पक्के होते हैं, पर बाहर दिखावे के लिए डर एवं आशंका दिखाकर दूसरों को बेवकूफ़ बनाते रहते हैं। ऐसे लोगों से बड़ा सावधान रहने की ज़रूरत होती है। आप संकल्पित होकर सकारात्मक सोच के लिए अपना आत्मविश्वास बढ़ाइए! आप आनन्द अनुभव करेंगे।

नकारात्मकता से बचें-एक बात हमेशा ध्यान रखिए, आपका जीवन आपके लिए बहुत महत्त्वपूर्ण है। उसकी ख़ुशी, स्वास्थ्य, मानसिक स्थिति, आर्थिक स्थिति, रहन-सहन आपके अनुकूल होना आपकी प्रथम प्राथमिकता है। यह सब बिल्कुल ठीक रहना चाहिए, वरना दुनिया आपसे तुरन्त दूरी बना लेगी। इसी सन्दर्भ में एक

बात अपने दिमाग़ में लिखकर रख लेनी चाहिए कि मेरी मर्ज़ी के बग़ैर मुझे कोई दुखी नहीं कर सकता है। दिन में कई लोग आपको नाना प्रकार की नकारात्मकता, दु:ख, परेशानियाँ, डर एवं विस्मय की ख़बरें दे जाते हैं और अपना मन हल्का कर जाते हैं। किन्तु उनमें से आपको क्या ग्रहण करना है? यह आपको तय करना है। 'किसी भी प्रकार की घटनायें, ख़बरें और दुर्गम व्यवहार आदि मुझे मेरी मर्ज़ी के बगैर दुखी नहीं कर सकते हैं।' यदि आप इस ब्रह्म वाक्य को ध्यान में रखेंगे तो आप अनावश्यक तनाव, दु:ख, उदासी एवं नकारात्मकता से बचे रहेंगे।

दोस्तो! कुछ लोग बहुत ही नेगेटिव सोच रखते हैं। आप अगर चाँद भी उनके लिए तोड़कर ले आयेंगे, तो भी वे यही कहेंगे कि इसमें तो काले धब्बे हैं। उनकी यह नकारात्मक सोच आस-पास के वातावरण को पूरी तरह से तनावग्रस्त रखती है। ऐसे लोग ज़िन्दगी में न कुछ करते हैं एवं न ही कुछ करने देते हैं। आपको इस तरह के लोगों से दूर रहना है। आपको इनकी एक भी नहीं सुननी है।

रिसर्च में यह पाया गया है कि नकारात्मक सोच, सकारात्मक सोच से कई गुना कमज़ोर होती है। लेकिन कुछ लोग इस नकारात्मक सोच को सकारात्मक सोच पर हावी होने के अवसर देते हैं। अत: वे अच्छा सकारात्मक सोचना चाहते हुए भी नहीं सोच पाते हैं।

दोस्तो! आपके मन में भी कई बार नेगेटिव विचार आते होंगे। अगर आपको सफल होना है, ज़िन्दगी में ख़ुश रहना है, तो कभी नेगेटिव बातें मत सोचो! मैं आपको एक उदाहरण से समझाता हूँ, जिससे नेगेटिव विचार हमेशा के लिए चले जायेंगे। इस उदाहरण के साथ ही आपको नेगेटिव विचार भगाने का एक क्रान्तिकारी सिद्धान्त बता रहा हूँ। एक बड़ा काँच का जार है, जिसमें बिल्कुल साफ़ पानी भरा हुआ है। जब बच्चा जन्म लेता है तो बच्चे का मन एवं विचार भी इस पानी की तरह बिल्कुल निर्मल होते हैं। अब इस काँच के जार में थोड़ा-सा गोबर डाल देता हूँ। क्या होगा? बताओ! पानी बिल्कुल गन्दा एवं मैला हो जायेगा। ये नेगेटिव विचार भी इसी तरह हमारी ज़िन्दगी को गन्दा बना देते हैं।

अब प्रश्न यह उठता है कि आख़िर उस पानी को कैसे साफ़ किया जाये? जब आप उस जार को नल, जिसमें साफ़ पानी आ रहा है, के नीचे रख दोगे तो उस गन्दे पानी में लगातार साफ़ पानी आने लगेगा। लगातार साफ़ पानी के आते रहने से एक समय ऐसा आयेगा कि सारा गन्दा पानी बाहर आ जायेगा एवं वह काँच का जार फिर से साफ़ पानी से भर जायेगा। यानी लगातार साफ़ पानी के चलने से गन्दगी दूर हट जाती है, परन्तु उसमें समय लगेगा। पहली बात तो यह है कि आप गन्दे विचार

दिमाग़ में आने ही मत दो। यदि आ जायें तो आप उस साफ़ पानी की तरह अपने पॉजिटिव विचारों को अपने मस्तिष्क में लाते रहो! गन्दगी रूपी नेगेटिव विचार थोड़े समय में अपने आप दूर होते चले जायेंगे।

कुछ लोग कहते हैं कि कुछ समय तक तो वे 'पॉजिटिव फील' करते हैं, लेकिन कुछ समय बाद फिर से नकारात्मक विचार आ जाते हैं। इसे मैं समझाता हूँ, आपको उस गोबर डले हुए काँच के जार में, जिसमें गन्दा पानी है, अगर एक गिलास पानी का डालूँ तो क्या होगा? कुछ नहीं, थोड़ा-सा साफ़ होगा एवं कुछ समय बाद फिर गन्दा। फिर दो दिन बाद फिर एक गिलास साफ़ पानी डालूँ तो भी कोई खास परिवर्तन नहीं आयेगा। आप ग़लती कहाँ कर रहे हो? आप भी कुछ समय के लिए पॉजिटिव सोचते हो एवं फिर से नेगेटिव! इसी वजह से आप स्वयं को हमेशा 'मोटिवेटेड फील' नहीं करते हो।

दोस्तो! अगर आपको हमेशा 'मोटिवेटेड फील' करना है, पॉजिटिव रहना सीखना होगा, तब ही उस साफ़ पानी के नल के प्रवाह की भाँति आपको भी हर वक़्त अपने विचारों में पॉजिटिव विचारों का प्रवाह करना होगा। जिसको यह कला आ गयी, वह सिकन्दर कहलाएगा। पॉजिटिव सोच से आप पूरी दुनिया बदल सकते हो। आपका सकारात्मक रहना, आपको बाक़ी लोगों से काफ़ी अच्छी स्थिति में पहुँचा सकता है।

जीवन में यह सीखना बहुत आवश्यक है कि एक विचलित या क्रोधित व्यक्ति के साथ कैसे पेश आया जाये? या उसके साथ कैसा व्यवहार किया जाये? उसके कुछ छोटे व्यावहारिक टिप्स (समाधान) इस प्रकार हैं–

- उस व्यक्ति को आश्चर्यचकित कर दो, यह कहकर कि आप बिल्कुल ठीक कह रहे हैं।
- उससे न विवाद करो, न उसकी आलोचना करो! उससे उसकी ही भाषा या टोन में बात करना शुरू कर दो।
- जो समस्या लेकर वह आया हो, उसका तुरन्त समाधान न दो! थोड़ा समय माँग लो!
- बातचीत का स्थान बदल दो और बिना गुस्से के मुस्कराते हुए बात करो!
- सामने वाले पर पूरा ध्यान दो, अपनी पूरी आँखें खोलकर! विस्मय सहित उसे देखो, जैसे कि आप उसकी बात पूरी तन्मयता से सुन रहे हैं।
- उस व्यक्ति की किसी भी बहाने से प्रशंसा करो, उस वक़्त उसे कोई बुद्धिमानी वाली सलाह मत दो।

- याद रखिए, बातचीत में अपना आपा नहीं खोना है। मुस्कराते रहना है और अपनी दृढ़ता बनाये रखनी है! किसी भी बात पर न सहमत होना है, न असहमत होना है! बस इस क्षण को टालना ही उचित है!

हम अपना नज़रिया पूर्वाग्रहों से मुक्त होकर बहती नदी के समान रखें। बहती नदी का पानी एक़दम साफ़ और स्वादिष्ट होता है। संकट तब प्रारम्भ होता है, जब पानी का बहना बन्द हो जाता है।

कई बार हमको अपने सही होने का भ्रम इतना प्रबल हो जाता है कि हम दूसरे व्यक्ति की सही एवं सहज बात को भी नहीं समझ पाते हैं। ऐसा करना अपने आपको अधिक बुद्धिमान समझना है। यह उचित नहीं है। अत: जब भी हम दूसरे के किसी भी पक्ष को नकारते हैं, हमें एक बार मन में पुन: विचार करने के बाद ही नकारना चाहिए! हमें यह भ्रम कभी नहीं पालना चाहिए कि हम हमेशा सही हैं।

कभी-कभी हमें अपनी बात या विचार पर इतना अधिक विश्वास होता है कि अनजाने में ही हम उसे अहंकार में बदल देते हैं, ऐसा अहंकार जिसमें केवल वही सही है। यह कैसे सम्भव हो सकता है कि हम ही सही हैं, और अन्य कोई भी नहीं! हर बात एवं विचार के कई पहलू एवं दृष्टिकोण हो सकते हैं। अत: अक्सर न आप ग़लत होते हैं न वह सही होता है। हर बात का आकलन समय और परिस्थिति के आधार पर होता है।

किसी भी रिश्ते में ग़लतफ़हमी का पेंच आसानी से दाख़िल हो जाता है। उससे बाहर आना आसान नहीं होता। किसी पर विश्वास जमाना बहुत मुश्किल होता है, पर उसमें दरार पैदा आसानी से हो जाती है। हमारा मन ऐसा ही है, जिसमें किसी का प्रवेश तो बहुत मुश्किल है, पर बाहर निकलने के लिए एक छोटा-सा झरोखा ही काफ़ी होता है।

ग़लतफ़हमी आपसी सम्बन्धों में ईर्ष्या और द्वेष उत्पन्न करती है। ईर्ष्या एक कीड़ा है, जो आपके व्यक्तित्व के गुणों को ठीक उस तरह खा जाता है, जैसे कोई कीड़ा कपड़ों को खा जाता है। यह दीमक का काम करती है। यह धीरे-धीरे सम्बन्धों की ऊर्जा, ऊष्मा और स्नेह को चट कर जाती है। अत: हमें हमेशा ग़लतफ़हमी से बचना चाहिए और मन में किसी के प्रति नाराज़गी या ईर्ष्या नहीं पालनी चाहिए। किन्तु नाराज़ होना मानव स्वभाव है। जिसका यह स्वभाव बन गया, उसे कोई न मिले तो वह स्वयं से ही नाराज़ हो जायेगा। अत: नाराज़ होने की इस आदत से बचना चाहिए!

जीवन में प्रगति पथ पर बढ़ने का तरीक़ा वही अपनाना चाहिए जो आपकी

प्रवृत्ति और क्षमता के अनुकूल हो। प्रवृत्ति क्या होनी चाहिए? जहाँ तक प्रवृत्ति का प्रश्न है, वह सकारात्मक भी हो सकती है और नकारात्मक भी! सकारात्मक प्रवृत्ति का व्यक्ति तेज़ी से आगे बढ़ता है। वह जीवन में कई तरह की जोखिम साथ लेकर चलता है, जो आने वाली हर परेशानी का समाधान करते हुए उसे अवसर में परिवर्तित कर आगे बढ़ता जाता है। कई बार थोड़ी-सी असावधानी के कारण वह नीचे भी गिर पड़ता है, किन्तु पुनः सँभलकर उठ खड़ा होता है। वह मेहनत करने वाले साहसी लोगों की टीम बनाकर चलता है। जबकि नकारात्मक प्रवृत्ति वाला व्यक्ति धीरे-धीरे आगे बढ़ता है। वह हर क़दम फूँक-फूँककर रखता है। हर मोड़ पर उसे असफल होने का डर सताता रहता है। उसके हर काम में विलम्ब होती है। यही नहीं कई बार इस प्रवृत्ति के कारण वह बड़े अवसर हाथ से खो देता है। असफलता एवं परेशानियाँ इस प्रवृत्ति वाले को भी मिलती हैं।

मेरा अनुभव यह बताता है कि नकारात्मक प्रवृत्ति वाले लोग बहुत अधिक आगे नहीं बढ़ पाते हैं। वे ख़ुद भी बहुत परेशान रहते हैं और दूसरों को भी परेशान करते हैं। सकारात्मक प्रवृत्ति वाले लोग ख़ुद भी बहुत काम करते हैं और अपने साथियों को काम करने की प्रेरणा भी देते हैं और उनसे काम भी करवाते हैं। दोनों स्थितियों में परेशानियाँ अलग-अलग होती हैं। उनके संघर्ष भी अलग-अलग होते हैं। सन्तुष्टि एवं सफलता के पैमाने भी अलग-अलग होते हैं।

विपरीत या नकारात्मक सोच आपको लक्ष्य से दूर ले जाती है। बुरा महसूस करते हुए अच्छे विचार आना असम्भव है। जब भी मन में कमज़ोरी महसूस हो, नकारात्मक विचार आयें, तुरन्त ही अपने मन को पूछना चाहिये कि कैसा महसूस कर रहे हो! यदि बुरा महसूस कर रहे हो तो तुरन्त उसकी आवृत्ति रोक देनी चाहिए। मन को अच्छा या सकारात्मक करने के लिए मनपसन्द संगीत, प्राकृतिक दृश्य या चलचित्र, ख़ूबसूरत यादें या कोई मनोरंजक पुस्तक पढ़नी चाहिए। अपने लक्ष्य को प्रेम करना एवं उसमें डूब जाना, लक्ष्य की ओर बढ़ने का एक महत्त्वपूर्ण क़दम है। प्रेम से रहना, प्रेम से बात करना, प्रेम प्रेषित करना, प्रेम प्राप्त करना और अपने काम में लगे रहना, सफलता की सर्वोत्तम कुंजी है।

हमारी सफलता की सबसे पहली सीढ़ी है कि हम किसी समस्या को लेकर सोचते कैसे हैं? हमने अपनी समस्या को पहचानने और परिभाषित करने में कितना समय लगाया, यह बहुत महत्त्वपूर्ण है। इस पर शान्त चित्त से कुछ समय सोचने में लगाना चाहिए। फिर इसके समाधान की ओर आगे बढ़ना चाहिए। किसी काम को हम कई वर्षों से कर रहे हैं, इसका मलतब यह नहीं कि आप इस काम को पूर्ण

निपुणता से कर पा रहे हैं। इसलिए यह कभी नहीं मानना चाहिए कि आप जो कह रहे हैं, वह हमेशा ठीक ही होगा। यह वैसा ही है, जैसा आप हमेशा ग़लत नहीं होते हैं। अत: समस्या या अवसर को भलीभाँति पहचानना, उसे परिभाषित करना, ठण्डे दिमाग़ से उसके अच्छे-बुरे परिणाम की कल्पना करना और उसके बाद उस पर काम करना हमेशा उचित रहेगा।

आप समय के ग़ुलाम मत बनिए, समय को अपना ग़ुलाम बनाइए। अपनी इच्छाशक्ति मज़बूत बनाइए, ईमानदारी से प्रयास कीजिए। फिर देखिए, ब्रह्माण्ड आपकी मदद करेगा। वह आपकी सफलता के लिए अलादीन का चिराग़ बनेगा! यदि आप पैसा बनाना चाहते हैं तो पैसे पर ध्यान केन्द्रित करें। पैसे की कमी पर ध्यान केन्द्रित न करें, आपको स्वप्न में पैसा दिखना चाहिए। पैसे की कमी का अर्थ ग़रीबी या अभाव नहीं है। क्योंकि जैसा आप सोचते हैं, वैसा ही होता है। यह प्रकृति का नियम है। आप कल्पना करें कि आपके पास बहुत पैसा है। वे सब सुख-सुविधाएँ हैं, जिसे आप भोगने की कल्पना करते हैं। कल्पना करने में तो कुछ नहीं जाता। बस आप कल्पना कीजिए! आप अनुभव करेंगे कि पैसा आपकी ओर आकर्षित होने लगा है और पैसे का प्रवाह आपकी ओर हो रहा है। किन्तु कोरी कल्पना से नहीं, आपके प्रयास एवं कड़ी मेहनत से आपकी क़िस्मत उस ओर चलने लगेगी। अपना व्यवहार, चाल-ढाल, प्रवृत्ति और क्रिया-कलाप ऐसे बनाइए, जैसे आप बहुत पैसे वाले हों। आप सच में बहुत पैसे वाले हो जायेंगे। अपना मन बड़ा बनाइए! छोटा मन, छिछली मानसिकता और ओछी प्रवृत्ति का जीवन में कोई उपयोग नहीं है।

सकारात्मक सोच के व्यक्ति संसाधनों एवं सुविधाओं की कमी का रोना नहीं रोते हैं।[1] वे हमेशा वर्तमान में उपलब्ध संसाधनों का उचित उपयोग कर सफलता प्राप्त कर लेते हैं। संसार में वर्तमान ही अधिक महत्त्वपूर्ण है। हमें यह मानना चाहिए, 'जो जहाँ खड़ा है, वही स्थान उसके लिये बड़ा है।' अत: आप जो भी काम करें पूरे मन से करें, आधे-अधूरे मन से किये गये काम कभी सफलता नहीं दिलाते हैं।

सफलता के लिए आवश्यक है कि हम लक्ष्य निर्धारित करें, संकल्प लें एवं सफलता के सपने देखें। लक्ष्य प्राप्त करने के लिए कड़ी मेहनत आवश्यक है। अत: कार्य की योजना बनायें, प्राथमिकता तय करें एवं संसाधन जुटायें, सकारात्मक दृष्टिकोण अपनाएँ, ख़ुद प्रोत्साहित रहें एवं अपने साथियों को प्रोत्साहित करें!

1. Once a man of 66 years was wearing a T Shirt in a fair with script written on it, "*I am 16 years young with 50 years experience.*" What a unique positive thinking it was!

साहसी बनें और मिलकर काम करने के महत्त्व को समझें! जहाँ आवश्यक हो अपने मन, बुद्धि की धार पैनी करें और नेतृत्व करें! हमेशा नया सीखने को तैयार रहें! हर कार्य की समय सीमा तय करें! अपनी कमियों के साथ संवाद करें, स्वयं अपने से स्पर्धा करें, औरों से नहीं! असफलता के कारणों का विश्लेषण करें। आन्तरिक व बाहरी शक्ति एवं सम्बन्धों का इस्तेमाल करें और सफलता प्राप्त करें। ध्यान रखें सफलता का कोई विकल्प नहीं है। सफलता सिर्फ़ सफलता ही है।

आप सोने से पहले कुछ समय के लिए सोचिए और ध्यान कीजिए, आपका आज का दिन कैसा रहा? यदि कोई घटनाक्रम आपको पसन्द नहीं आया तो उस पर सोचने का तरीक़ा बदलकर देखें। शायद आपको अच्छा लगे। फिर भी यदि अच्छा न लगे तो उसको भूलने की कोशिश कीजिए और भूल जाइए! यदि ऐसा सम्भव न हो तो एक कड़वी याद समझकर अपने दिमाग़ में जमा कर दीजिए! वक़्त आयेगा उस पर उचित निर्णय लेंगे या कार्यवाही करेंगे। यह आत्मविश्लेषण की विधि है। यह ग़लत काम को करने से रोकने और अच्छे कामों की ओर प्रवृत्त होने की प्रेरणा देती है। इतना करने पर वह धारणा आपका दूसरा दिन ख़राब नहीं करेगी और आप अपनी सकारात्मक सोच के साथ लक्ष्य प्राप्ति की ओर आगे बढ़ेंगे। अच्छा यह होगा कि आप विश्वास, प्रेम-प्रचुरता, शिक्षा और शान्ति पर ध्यान केन्द्रित करिए! आपका भी जीवन सफल होगा और दूसरों का भी!

अकारण किसी वाद-विवाद से दूर रहना समझदारी है। अहं के वशीभूत होकर बात-बात पर अपनी श्रेष्ठता सिद्ध करने का प्रयास करना व्यक्तित्व के ग्राफ को नीचे लाता है। अच्छा यह होगा कि कम बोलें, अधिक सुनें! सबको गम्भीरता से सुनने की आदत डालें! केवल आवश्यकता पड़ने पर ही सम्यक् वाणी बोलना चाहिए! इसी को मौन कहा गया है। एक सूक्ति है–मौन सर्वोत्तम भाषण है।[1] इन तीनों गुणों को जीवन में धारण करके व्यक्ति महान बन जाता है।

हमेशा दूसरों की बुराइयों या कमियों पर ध्यान न देकर उनकी अच्छाइयों पर ध्यान दीजिए! बुराइयों पर ध्यान देंगे तो आप अपनी ओर बुराई आकर्षित करेंगे और अच्छाई पर ध्यान देंगे तो अच्छाई आकर्षित करेंगे। फ़ैसला आपका है कि आप दूसरों से क्या लेना चाहते हैं? अच्छे जीवनमूल्यों की ओर आकर्षित होइए!

आप उन गुणों पर अपना ध्यान केन्द्रित कीजिए, जिनको आप ज़्यादा पसन्द करते हैं। उनका रोज़ स्मरण कीजिए और उन्हें अपनाने की तीव्र इच्छा रखिए! देखिए, एक दिन वे गुण आपके स्वभाव का हिस्सा ज़रूर बनेंगे। ख़ुद पर विश्वास

1. Silence is the best speech.–A proverb.

रखिए। वही होगा जो आप चाहते हैं! बस अपनी इच्छाशक्ति पर विश्वास रखिए। आप जिन चीज़ों का प्रतिरोध करते हैं, आप उन्हें अपने पास ज़्यादा आकर्षित करते हैं। जिन बुराइयों पर ध्यान देते हैं, वे आपको ज़्यादा दिखाई देंगी और आपका मन ख़राब करेंगी। अकारण किसी वाद-विवाद से दूर रहना समझदारी है।

दुनिया के प्रति अपना नज़रिया सकारात्मक बनाइए। हर वस्तु में अच्छाई देखिए। हर वस्तु एवं घटना में अच्छाई खोजिए। आपको सब अच्छा दिखेगा और अच्छा ही होगा। जहाँ विध्वंस एवं विनाश हो रहा है, उस पर दुखी होइए। उनका भला सोचिए। जो आप अच्छा कर सकते हैं, उसे करने का प्रयास करिए। पर, यह मत भूलिए कि उन्होंने अपने क्रिया-कलापों से विनाश को आमन्त्रित किया था। अत: उन्हें विनाश मिला। सब सोच-विचार एवं क्रिया-कलापों का फल है।

आप एक जीती-जागती ऊर्जा हैं, जिसे हम आत्मा या चेतना भी कह सकते हैं। आपके शरीर में जब तक वह है, आप ज़िन्दा हैं। जिस दिन वह चली गयी, आप मृत हो जायेंगे! आपकी हस्ती ख़त्म हो जायेगी। फिर आपकी स्मृति शेष रह जायेगी। श्रीमद्भगवतगीता में श्रीकृष्ण बताते हैं कि यह जो आत्मा है, वह कभी मरती नहीं, वह सिर्फ़ अपना स्वरूप बदलती है। अत: जितनी आपकी आत्मचेतना या जीवनज्योति उत्कृष्ट होगी, उतनी आप में चुम्बकीय शक्ति का विस्तार होगा और अन्य लोग आपकी ओर आकर्षित होंगे। आपका नाम होगा, आप सफल होंगे और एक सफल व्यक्तित्व कहलाएँगे। जीवनज्योति उत्कृष्ट होती है–सकारात्मक सोच, सद्विचार, सद्व्यवहार, उदार हृदय, मेहनती स्वभाव, साहस, निर्भयता एवं दूसरे के काम आने के जज़्बे से! दूसरे की परेशानी एवं मजबूरी का ग़लत फ़ायदा उठाने का प्रयास कभी मत करना! सच पर क़ायम रहना, झूठ-फ़रेब, जालसाजी से दूर रहना! यदि ये सब जीवन में धीरे-धीरे आ जायें तो जीवन सफलता की ओर बढ़ने लग जाता है।

इस बात की गाँठ बाँध लें कि हर समय हर परिस्थिति में अच्छा सोचना है और अच्छा महसूस करना है। जो कर रहे हो उसमें ख़ुश रहना है। हर काम में यह सोचना है कि इसमें भी कुछ अच्छाई है। कोई काम यदि आपको पसन्द नहीं है, फिर भी आपको करना पड़ रहा है तो यह समझें और अपने आप से पूछें कि मैं यह क्यों कर रहा हूँ? यह काम आप अपने किसी ख़ास व्यक्ति को ख़ुश करने के लिए कर रहे हैं, जिसे आप स्पष्ट मना करना नहीं चाहते या मना करने की स्थिति में नहीं हैं तो फिर उस काम को अच्छे से पूरी प्राथमिकता से कीजिए और जिसके लिए कर रहे हो, उन्हें ख़ुश कर दीजिए! देखिए, आपको अच्छा लगेगा और इसमें आपको आनन्द आने लगेगा।

दुनिया में ग़म बहुत हैं। तकलीफ़ें और परेशानियाँ भी बहुत हैं। अभाव भी बहुत हैं। जब भी हम एक-दूसरे से मिलते हैं, अपने-अपने दुखड़े रोते हैं और एक-दूसरे के दुःख जानकर तसल्ली कर लेते हैं कि यह भी दुखी, मैं भी दुखी! शायद इसका दुःख मुझसे ज़्यादा है। इससे मन में एक शक्ति प्राप्त होती है। यह आम सिलसिला है। क्या हम इसे बदल सकते हैं? नहीं बदल सकते हैं, तो फिर दूसरों के सामने दुःख का गीत गाने का क्या लाभ? दूसरों के सामने अपने दुःख को प्रकट कर आप अपने आप को धोखा दे रहे हैं। लोग उसे सुनकर कुछ नहीं कहेंगे, किन्तु बाद में उपहास करेंगे।[1] अतः जब भी हम मिलें, एक-दूसरे की अच्छाई एवं विशेषताओं पर चर्चा करें और ख़ुश हों। एक दूसरे के सामने अपने दुखों के रोने रोकर हम समाज में नकारात्मक विचार फैला रहे हैं जो दुनिया को घोर निराशा की ओर धकेल रहे हैं। जबकि दूसरा सकारात्मक वातावरण पैदा कर रहा है। ख़ुशियाँ फैला रहा है। आगे बढ़ने एवं और भी अच्छा करने की ओर संकेत कर रहा है। आप ही तय करिये, कौन-सा विचार अच्छा है?

यह परम सत्य है कि आप जिन बातों को सोचते हैं, वही साक्षात् सत्य होकर आपके सामने प्रकट हो जाती हैं। अतः पुरानी दुखद बातों को छोड़कर अच्छी बातों को ग्रहण कीजिए एवं आशावान बनिए। अच्छा सोचोगे तो अच्छा ही होगा। समय कम-ज़्यादा लग सकता है। अच्छा सोचोगे तो ही अच्छा करने के लिए प्रयासरत भी होंगे। बिना प्रयास किये आप कुछ भी हासिल नहीं कर सकते, यह भी परम सत्य है।

हमेशा अपने दिन की शुरुआत अच्छे विचारों से करिए। कल क्या हुआ, उसको भूलकर आज क्या अच्छा करना है, उसको ध्यान में रखकर दिन की शुरुआत कीजिए। देखिए, आपके आचरण में सकारात्मक परिवर्तन आयेगा। यह बात ठीक है कि हमारी सोच एवं दिल बड़ा होना चाहिए! सिर्फ़ सोचने एवं बोलने में ही नहीं, बल्कि करने में सोचो, समझो एवं क्रियान्वयन करो तो आगे बढ़ोगे, वरना क़दमताल ही करते रहोगे।

अपने आस-पास के वातावरण को ठीक कीजिए! आपके विचार आपकी दुनिया का निर्माण करते हैं। आप जिस वस्तु पर ध्यान देते हैं, उसका विकास होता है। जिसके बारे में आप जितना सोचते हैं, वह उतना ही विस्तृत होता है। जिसमें आप व्यस्त रहते हैं, वह ही आपकी क़िस्मत का निर्धारण करता है। जीवन के

---

1. रहिमन निज मन की विथा, मन ही राखौ गोय।
   हँसि लहैं सुन लोग सब, बाँटि लहै ना कोय।। –रहीम।
   सुख में दुःख में यों अन्तर होता है। सुख का क्षण-क्षण मन्वन्तर होता है।
   दुःख कह देने से घट जाता थोड़ा, सह लेने से छूमन्तर होता है।। –रामरिख मनहर!

क्रियाकलाप आपको वही देते हैं, जिनकी आप कल्पना करते हैं या अपेक्षा करते हैं। हमारा वातावरण हमारी भावनाओं, विचारों और कल्पनाओं को आकार देता है तथा जिन लोगों का आपके जीवन पर प्रभाव है, उसी के अनुसार आपके व्यवहार एवं विचार विकसित होते हैं। अत: अपने आस-पास का वातावरण, आचार-विचार, सोच आदि ठीक कीजिए! इससे आपका जीवन सकारात्मक होगा, ख़ुशी मिलेगी और आगे बढ़ने की प्रेरणा मिलेगी। "दूध का आधा गिलास ख़ाली है।" के बजाय "आधा गिलास भरा है।" कहना सीखिए!

हर वह चीज़ जो आपको चाहिए, उसकी उम्मीद करिए। उम्मीद में कमी मत कीजिए! आशावान बनिए! आशा अमर धन है। आशा से आपकी वह उम्मीद अवश्य पूरी होगी। यह आप जान लीजिए कि कोई चीज़ अचानक नहीं होती। उम्मीद में बहुत बड़ी आकर्षण शक्ति होती है। जो कुछ आपके पास है, उसके लिए ईश्वर से कृतज्ञता ज़रूर प्रकट करनी चाहिए। अभाव एवं कमी को कोसने से अभाव एवं कमी बढ़ती है। जो है उसको अच्छा मानते हुए आगे और अच्छा होने की प्रार्थना करने से और अच्छा होता है, यह ईश्वर का शाश्वत विधान है।

आकर्षण का नियम कहता है कि आप उन्हीं चीज़ों की ओर आकर्षित होते हैं जिन पर आप विशेष ध्यान देते हैं। अत: आप उन्हीं सब वस्तुओं पर ध्यान दीजिए जो आपको सबसे प्रिय हैं। आपको वे सभी चीज़ें मिलेंगी। अत: आप हमेशा अच्छा सोचिए और अच्छा करने का प्रयास करिए, हमेशा अच्छा ही होगा। सकारात्मक सोच सफलता की कुंजी है।

नदी का पानी मैला क्यों नहीं होता है? क्योंकि वह बहता रहता है। पानी के प्रवाह-मार्ग में बाधाएँ आती हैं, पर वह उन सब बाधाओं को दूर कर आगे बढ़ता जाता है। वह अपना रास्ता स्वयं बना लेता है, क्योंकि वह बहता रहता है। क्योंकि पानी का धर्म है बहते रहना। पानी जैसे ही रुकता है, अपने कर्म और धर्म को त्याग देता है, वह सड़ाँध पैदा कर देता है। आपने यह कहावत सुनी होगी–"बहता पानी निर्मला, भरा गंदेला होय।"[1] पानी बहना बन्द कर देता है तो गन्दा होना उसका स्वभाव है। फिर वह किसी काम का नहीं रहता। इसी प्रकार जीवन का धर्म है कर्मशील रहना। निरन्तर आगे बढ़ते रहना। कभी नहीं रुकना। कुछ न कुछ सृजनात्मक करते रहना। ऐसा करते रहना ही सफलता की ओर अग्रसर होना है। यही लक्ष्य प्राप्ति का मूल मन्त्र है।

जो कुछ आप चाहते हैं, उसकी कल्पना कीजिए! उसकी मन में तस्वीर

1. साधू तो रमता भला, जात न पूछै कोय!
बहता पानी निर्मला, भरा गंदेला होय।

बनाइए! उसका मन में एक ब्लूप्रिंटर तैयार कीजिए! उसे प्राप्त होता हुआ महसूस करिए! उससे आपका लक्ष्य एकदम साफ़ होगा। आस-पास की परेशानियाँ एवं आवश्यक सावधानियाँ ध्यान में आयेंगी। उनका निराकरण होना या उनकी व्यवस्था होना अभी से करना प्रारम्भ हो जायेगा। आपका व्यवहार वैसा ही होना शुरू हो जायेगा और देखिए, एक दिन बहुत शीघ्र आपका स्वप्न साकार हो जायेगा!

इस तरह सकारात्मक सोच के साथ जीवन में जीने की आदत डालें। आप देखेंगे कि आपके जीने का अन्दाज़ ही बदल जायेगा। आप सफल होने वाले व्यक्तित्व कहलाने लगोगे।

जीवन को जितना हो सके सरल बनाइए! आडम्बर, दिखावा, जटिलता, घमण्ड, झूठ, फ़रेब, दोगलापन, क्रोध आदि से जितना हो सके दूर रहिए। बाज़ार में नक़ली चीज़ें अधिक चमक के साथ प्रस्तुत की जाती हैं। अतः निर्मल हृदय, स्वच्छन्द प्रेम एवं आपसी विश्वास के साँचे में व्यक्तित्व को ढालिए! इसमें कोई शक नहीं, कोई सन्देह नहीं कि जो आपके साथ ग़लत करता है, नुक़सान ग़लत करने वाले का ही ज़्यादा होता है। अतः अपने व्यवहार एवं स्वभाव पर किसी तरह के कृत्रिम प्रतिबन्ध न लगाइए! आप अपना स्वाभाविक जीवन ही जिएँ! जीवन में कृत्रिमता एक अभिशाप है।

जब सब कुछ अच्छा चल रहा होता है, उसे बाँधना बहुत मुश्किल होता है। जब गाड़ी पटरी से उतरने लगती है तो उसे सँभालना मुश्किल हो जाता है।

आपकी पहचान आपके विचारों से है। आप वही बनते हैं जो विचार आपके दिमाग़ में सर्वाधिक घूमते हैं। यदि आप हर समय यह सोचते हैं कि मैं क्या करूँ, मैं तो ग़रीब हूँ तो आप वास्तव में ग़रीब ही रहेंगे। यदि आप सोचते हैं कि मैं सब कुछ कर सकता हूँ। मैं धनवान हूँ, मुझे किसी चीज़ की कमी नहीं है तो आप धनवान ही रहेंगे। यदि आप सोचते हैं कि मैं ज़िन्दगी में एक सफल इन्सान हूँ तो ज़िन्दगी में एक सफल इन्सान बने रहेंगे। असफलता आप पर कभी हावी नहीं होगी। जीवन में सफलता और असफलता सारा खेल सोच का है। आप आधे भरे गिलास को आधा ख़ाली मत मानिए! यह कहिए कि यह आधा भरा है।

दोस्तो! यदि आप किसी भी चीज़ या यन्त्र का लम्बे समय तक इस्तेमाल नहीं करोगे तो वह ख़राब हो जायेगा, जैसे गाड़ी, घड़ी या कोई भी औज़ार! इसी तरह दिमाग़ भी कुदरत का दिया हुआ सबसे महत्त्वपूर्ण यन्त्र है। यदि इसका समय-समय पर उपयोग नहीं किया तो यह कुन्द हो जायेगा और इसकी कार्य क्षमता कम हो जायेगी। वैसे अनुसन्धान यह बताते हैं कि औसत व्यक्ति अपनी दिमाग़ी शक्तियों

का 2 या 3 प्रतिशत ही इस्तेमाल करते हैं। बाक़ी 97 प्रतिशत तो वह बन्द ही रहता है। मनुष्य उस बन्द दिमाग़ को लिए हुए ही मर जाता है। अपने चेतन एवं अवचेतन दिमाग़ का इस्तेमाल करना जिसको आ गया, वह महामानव बन जाता है। जिसने अपने दिमाग़ एवं 5 डी के सिद्धान्त को समझ लिया एवं उन पर काम करना शुरू कर दिया, उसके पास दिव्य शक्तियाँ आ जाती हैं। फिर उसके लिए कोई भी कार्य असम्भव नहीं रहता। समझदार एवं बुद्धिमान आदमी दिमाग़ का मालिक और मूर्ख आदमी दिमाग़ का ग़ुलाम होता है। यह आपको तय करना हैं कि आपको किस रास्ते पर जाना है और क्या बनना है।

विजेता अपनी समस्याओं को हमेशा छोटा समझते हैं। उन्हें वे बड़ा या कठिन नहीं मानते। ऐसे लोग समस्या पर ध्यान न देकर, उसके समाधान पर ध्यान केन्द्रित करते हैं। ये लोग इन समस्याओं को चुनौती देने के लिए जवाबी रणनीति बनाने में अपनी ऊर्जा लगाते हैं। ये लोग समाधान का ब्लूप्रिंट बनाते हैं न कि समस्याओं का रोना रोते हैं। जबकि हारा हुआ इन्सान केवल समस्याओं पर ध्यान केन्द्रित करता है और ऊर्जा व्यर्थ करता है। विजेता के यही गुण उनको विजयी बनाते हैं।

"सपने वे नहीं होते हैं, जो रात में आते हैं, सपने वे होते हैं जो सोने नहीं देते।" वे लक्ष्य तक पहुँचने के लिए मन में उत्कण्ठा उत्पन्न कर देते हैं और आप उसे पूरा करने में पूरी क्षमता से प्रयास प्रारम्भ कर देते हैं। इसके लिए आप जो कुछ भी चाहते हो, उसे एक बड़े काग़ज़ पर लिखकर वहाँ पर रखें जहाँ पर आप रात को सोने से पहले और सुबह उठने के ठीक बाद पढ़ सकें! ये आपको प्रेरणा देंगे।

समय के साथ ही हम लोगों को बदलना चाहिए ताकि हम उस समय में अपना अस्तित्व बना सकें। लेकिन कुछ लोग, कुछ बच्चे, समय की माँग को समझते ही नहीं हैं। वे सकारात्मक बदलाव को स्वीकार करते ही नहीं हैं। अगर आप समय के साथ सकारात्मक परिवर्तन नहीं लाओगे तो समय आपको नष्ट कर देगा।[1] सकारात्मक बदलाव न करने की वजह से ही आप असफल होते हो। 21 वीं सदी में निरक्षर वह नहीं होगा, जिसको पढ़ना-लिखना नहीं आता है, बल्कि वह होगा जो समय के अनुसार अपने आप को सीखने के लिए बदल नहीं सकता! इसलिए समय के साथ अपने आप को बदलकर सीखते रहें। बदलाव हमेशा नया सीखने के लिए होता है। इसलिए हमेशा बदलाव का स्वागत करो एवं सीखते रहो![2] आप केवल

1. If you kill time, time will kill you. –A Proverb.
2. If you set the pace with changing time, life will produce a sweet rhyme. –A proverb.

सकारात्मक परिवर्तन के प्रेम में पड़ जाओ और इस सकारात्मक परिवर्तन की इच्छा रूपी ज्वाला में घी डालते रहो। आहुतियाँ देते रहो।

दोस्तो! जब इस सकारात्मक परिवर्तन को आप गले लगा लोगे, इस परिवर्तन के प्रेम में पड़ जाओगे तो यह परिवर्तन आपकी ज़िन्दगी बदल देगा, जिस तरह की ज़िन्दगी का आपको इन्तज़ार था। इस दुनिया में अगर ताला बना है तो चाबी तो अवश्य ही बनेगी। दोस्तो! इस दुनिया में अगर समस्या है, तो समाधान होगा ही होगा! बिना समाधान के समस्या हो ही नहीं सकती! दोस्तो, आप छोटी-छोटी समस्याओं के आने पर घबराया मत करो! धैर्य के साथ डटकर उसका मुक़ाबला करो! आप समस्याओं से जितना डरोगे, वे उतना ही ज़्यादा आपको डरायेंगी। ज़रूरत है, तो उनका डटकर मुक़ाबला करने की! जीत आपकी ही होगी। अत: याद रखो, हर ताले की चाबी ज़रूर बनी है।

प्रिय मित्रो! आपको जो भी काम करने को मिले, चाहे वह छोटा हो या बड़ा, उसको मन लगाकर पूर्ण मनोयोग से करें और ऐसी निपुणता से करें कि वह औरों के लिए एक उदाहरण बन जाये। ऐसा करना हमारी आदत बन जाये। फिर देखिए, जीवन में आनन्द ही आनन्द रहेगा। निराशा एवं उदासी आपको जीवन में कभी भी नहीं सतायेगी।

काम को अच्छे से करने एवं सफल होने का तरीक़ा–

- एक समय में एक काम करें।
- समस्या को पहचानें।
- हर चीज़ को ध्यान से सुनने की आदत डालें।
- करने योग्य एवं न करने योग्य काम की पहचान करें।
- समय के साथ व्यवहार, विचार एवं स्वभाव में परिवर्तन अवश्यम्भावी है।
- ग़लती को स्वीकार करना सीखना होगा।
- चीज़ों को सिम्पल (सरल) बनाकर प्रस्तुत करना।
- सवाल पूछना सीखें।
- शान्ति बनाये रखें।
- मुस्कराते रहें।

जब आप कामयाबी के लिए उतना तड़पोगे, जितना आप साँस लेने के लिए तड़पते हो, तब आप कामयाब हो जायेंगे।

साख बनाने में बीस साल लगते हैं और उसे गँवाने में बस पाँच मिनट! अगर आप इस प्रकार सोचेंगे तो आप प्रयास के लिए तत्पर होंगे और वे प्रयास आपको लक्ष्य के निकट पहुँचाने में सहायक होंगे। आपकी कार्यशैली बदल जायेगी और आप उन प्रयासों को अपने मौलिक तरीक़े से करने में जुट जायेंगे और अवश्य ही सफल होंगे। यही सफलता का मूल मन्त्र है।

9
सद्गुरु में विश्वास

जीवन में सफलता के लिए आवश्यक है कि आप एक गुरु अवश्य बनाइए, जो आपको कुछ ज्ञान दे सके। आपके आगे बढ़ने के मार्ग को सुगम बना सके और समय-परिस्थितियों में संकट से बाहर निकलने का रास्ता दिखा सके। गुरुजी हमें किसी भी समस्या से सूझबूझ के साथ धैर्य से सामना करने के सूत्र बताते हैं। वे दीपक की तरह हमारा मार्ग प्रदीप्त करते हैं। उनकी प्रेरणा से ही हमें जीवन में बड़ा स्थान और सम्मान मिलता है। अतः गुरु बनाना आवश्यक है। गुरु की संगति मनुष्य में मानवता का संचार करती है, जैसे कि पारस पत्थर की संगति से लोहा भी सोना बन जाता है। यही नहीं, सद्गुरु का सत्संग शुक्ल पक्ष के चन्द्रमा के समान है, जिसकी ज्योति में सतत वृद्धि होती है अर्थात् गुरु के सत्संग से मनुष्य के व्यक्तित्व में निखार आता है।

इस प्रकार जीवन में सफल होने के लिए बहुत महत्त्वपूर्ण भूमिका होती है सद्गुरु की! अच्छा गुरु भाग्य से मिलता है। वही हमेशा आपको सही मार्ग बतायेगा। इसलिए गुरु की तलाश हमेशा करते रहना चाहिए। जीवन के हर स्तर पर अपने मार्गदर्शक हमेशा अपने साथ जोड़े रखना चाहिए। गुरु का सम्मान एवं उनकी दी हुई शिक्षा पर उचित अमल अवश्य करना चाहिए। वे कभी हमें ग़लत राय नहीं देते हैं।

दोस्तो! यह सच है कि इस दुनिया में माँ-बाप एवं शिक्षक की जगह कोई नहीं ले सकता। महात्मा कबीर ने कहा है–

गुरु गोविन्द दोऊ खड़ै, काकै लागूँ पाय।
बलिहारी गुरु आपकी, गोविन्द दियौ बताय।।

बालक का पहला शिक्षक उसकी माँ होती है। यदि बच्चा बीमार हो जाता है तो माँ की आँखों में आँसू आ जाते हैं। माँ की इस ममता को हम बचपन में नहीं समझ पाते हैं। बच्चा जैसे-जैसे बड़ा होता है, उसके हज़ारों सवालों का जवाब माँ-बाप देते

हैं, पर कभी ग़ुस्सा नहीं होते। आपकी मुस्कराहट का वे हर पल इन्तज़ार करते रहते हैं। आपकी हर छोटी से छोटी चीज़ का वे पूरा ध्यान रखते हैं।

आज इंटरनेट का ज़माना है, आपको सब कुछ इंटरनेट पर मिल जायेगा, लेकिन प्रथम शिक्षक माता के बाद गुरु (शिक्षक) की जगह कोई नहीं ले पाया है। कुछ लोगों ने इसके पूरे प्रयास भी किये, लेकिन शिक्षक की जगह मोबाइल एवं इंटरनेट नहीं ले सकते हैं। शिक्षक वह कारीगर है, जो आपको तपाकर हीरा बना देता है। शिक्षक नि:स्वार्थ इन्सान होता है। मैं दावे के साथ कह सकता हूँ कि जिस इन्सान ने शिक्षक की बातें प्रथम कक्षा से पी.जी. तक मान लीं, दुनिया की कोई ताक़त उसको सफल होने से रोक नहीं सकती! शिक्षक का अपने विद्यार्थियों के प्रति हमेशा एक आत्मीय लगाव होता है। शिक्षक का आपसे कभी भी कॉम्पीटीशन नहीं होता है। जब आप सफल होते हो, आपके दोस्त, समाज सबका आपसे कॉम्पीटीशन होता है। वे उतने ख़ुश नहीं होते, जितने ख़ुश आपके माँ-बाप एवं शिक्षक होते हैं। जब आपकी अच्छी नौकरी लग जाती है, आपके पास बड़ा बँगला होता है, गाड़ी होती है, नौकर होते हैं तब आपका समाज, आपके दोस्त, सबको उतनी ख़ुशी नहीं होती, उनके मन में एक अजीब-सा कॉम्पीटीशन होता है। लेकिन इस दुनिया में तीन लोग ऐसे हैं, जो सबसे ज़्यादा ख़ुश होते हैं, और वे हैं–माँ, बाप एवं शिक्षक।

दोस्तो! इस प्रकृति का नियम है कि आपको लेना या ग्रहण करना है तो नीचे बैठना पड़ेगा। यानी आपको सामने वाले को स्वयं से बड़ा समझना होगा। बड़े से मतलब यहाँ उम्र में बड़ा होने से नहीं है। कहने का मतलब यह है कि अगर जल की गिरती हुई धारा से प्यास बुझानी है, तो आपको झुकना ही पड़ेगा। ज्ञान अर्जित करने के लिए आपको विनम्र होकर शिक्षक की बात को सुनना पड़ेगा। इसलिए माँ-बाप एवं शिक्षक का हमेशा आदर करो। शिक्षक कभी भी ग़लत राय नहीं देते हैं। वे सदैव अपने शिष्यों का हित चाहते हैं। आपकी सफलता पर उन्हें आपके माता-पिता की तरह ही सर्वाधिक प्रसन्नता की अनुभूति होती है। वस्तुत: वे आपके धर्म-पिता हैं।

दोस्तो! जब आप कुछ बड़े हो जाते हो, माँ-बाप आपसे कुछ बातें पूछते हैं तो आपको उन पर ग़ुस्सा आता है। आप अपनी सीमा लाँघकर उन्हें चुप कर देते हो। क्या कभी आपने सोचा है कि जब आप छोटे थे, आप एक सवाल को कई बार पूछते थे। माँ हर बार मुस्कराकर आपके सवाल का जवाब देती थी। सोचिए, आप उनके सम्बन्ध में जैसा सोचते हो या उनके साथ जैसा व्यवहार करते हो, क्या वह ठीक है? पानी अपना पूरा जीवन देकर पेड़ को बड़ा और हरा करता है। इसलिए शायद पानी लकड़ी को जल की धारा में कभी डूबने नहीं देता। माँ-बाप भी अपने

बच्चे-बच्ची के लिए कुछ इसी पानी की तरह होते हैं। वे सदैव अपने बच्चे-बच्ची को फलते-फूलते और उन्नति करते देखना चाहते हैं--

'फूल कभी दो बार नहीं खिलते।
जन्म कभी दो बार नहीं मिलते।।
मिलने को हज़ारों लोग मिल जाते हैं,
पर हज़ारों ग़लतियाँ माफ़ करने वाले
माँ-बाप एवं शिक्षक नहीं मिलते।।'

यदि कोई चीज़ सीखना चाहते हो तो उसे दूसरे को सिखा दो! सीखना और सिखाना एक ही सिक्के के दो पहलू हैं। सिखाने के प्रयास में ख़ुद ही नया सीख जाओगे। जो दूसरों को सिखाता है, वही वास्तव में सीखता है। जो दृढ़ संकल्प होकर दूसरों को शिक्षित करता है, वही वास्तव में शिक्षित होता है। जीवन में यह क्रिया बिना स्वाध्याय के सम्भव नहीं होती है। अत: सफलता के लिए गुरुजी के मार्गदर्शन एवं संरक्षण में स्वाध्याय अपेक्षित है।

10

लक्ष्य प्राप्ति का प्रयास

विचार लक्ष्य निर्धारण की नींव हैं। विचार ही लक्ष्य निर्धारण के बाद ज्ञानेन्द्रियों को सक्रिय कर प्रयास के लिए कर्मेन्द्रियों को आदेश देते हैं। जीवन में सफल होने के लिए मनुष्य को कर्मप्रधान बनना पड़ता है। रामचरितमानस में भी यही सन्देश दिया गया है।[1] इस कर्म के लिए जब व्यक्ति अपनी क्षमता का आकलन कर लेता है, वह अपने सफल मानव जीवन के लिए लक्ष्य निर्धारित करने की स्थिति में होता है। बिना लक्ष्य निर्धारित किये उसका जीवन पतवार विहीन नौका की भाँति हो जाता है। वह पथ से भटकने लगता है। जीवन में सफलता के लिए क्षमता का आकलन तो पहली शर्त है ही किन्तु संकल्प के बिना लक्ष्य तक पहुँच पाना बहुत ही कठिन होता है। यह संकल्प एक ऐसा सिक्का है, जिसके दूसरे पक्ष पर आत्मविश्वास लिखा होता है। इस आत्मविश्वास का ही नाम है–"मैं निर्भीक होकर बढ़ते हुए जहाँ पाँव रखूँ, वह पगडण्डी बने और मैं जहाँ रुकूँ, वहीं मेरी मंज़िल हो।"[2] ऐसी संकल्पना में जीने वाला व्यक्ति ही सफलता के द्वार पर दस्तक दे सकता है। श्रीमद्‌भगवतगीता में भी कहा है–*कर्मण्येवाधिकारस्ते मा फलेषु कदाचन्!*

लक्ष्य निर्धारण के बाद ही उपलब्ध संसाधन एवं प्रयास पर विचार सम्भव होता है। ऐसे विचार के लिए प्रत्येक मनुष्य अपने घर-परिवार, साथी, समाज, पर्यावरण और विद्यार्थी जीवन में अन्त:क्रिया करते हुए जो अनुभव अर्जित करता है, वे उसे उनके दृश्य-बिम्ब ही जिज्ञासा बनकर विचार को जन्म देते हैं, जिनकी जीवन के लक्ष्य निर्धारण में महत्त्वपूर्ण भूमिका होती है। यह विचार जीवन पर्यन्त आपका सहयोगी बनकर सदा नये विचारों द्वारा नये लक्ष्य का सृजन करते हुए आगे बढ़ने की प्रेरणा देता है। लक्ष्य की प्राप्ति में हर समय विचार मनुष्य के साथ रहते हैं और कुछ

---

1. कर्म प्रधान विश्व रचि राखा। जो जस करहिं तस फल चाखा। –रामचरितमानस।
2. म्हूँ रुकूँ उठै ही मँजलाँ व्है, म्हूँ खोज माँड दूँ वे गेला। म्हूँ सुण्याँणसुण्या कर चालूँ, नत मौत मिजाजण रा हेला!! –मिनख कविता। –श्री कन्हैयालाल सेठिया।

नया करने के लिए प्रेरित करते हैं। इसे यों भी कहा जा सकता है कि यह प्रक्रिया ही नवाचारों को जन्म देकर सर्वजन हिताय नवीन आविष्कार, सिद्धान्त, नियम, कला, शिल्प, निर्माण, साहित्य सृजन आदि के लिए भावभूमि तैयार करते हुए सभ्यता और संस्कृति के विकास का मार्ग प्रशस्त करती है। अतः विचारशील बनिए! विचारशील व्यक्ति ही क्रियाशील होकर अनवरत सीखता रहता है और जवान बना रहता है। इस प्रकार वह स्वान्तःसुखाय कार्य करते हुए भी सर्वजनहिताय कार्यों में अग्रसर होता है। जो सीखना बन्द कर देता है, वह बूढ़ा हो जाता है, चाहे उसकी उम्र 20 वर्ष हो या 80 वर्ष! जो सीखना जारी रखता है, वह हमेशा जवान रहता है। लक्ष्य प्राप्ति के लिए जवान बने रहना आवश्यक है।

मानव जीवन में प्रगति-पथ पर अग्रसर होने के लिए परिवेश एवं परिस्थितियों की महत्त्वपूर्ण भूमिका होती है। परिस्थितियों से जूझना पड़ता है। उनके सामने हार मान लेने से सफलता नहीं मिलती है। केवल विचारों से काम नहीं चलता है। विचारों से लक्ष्य निर्धारित होता है, जो संसाधन जुटाने की प्रेरणा देते हैं। इसके बाद लक्ष्यसिद्धि हेतु प्रयास प्रारम्भ होता है। अतः आपको किसी भी लक्ष्य का बहुत ही सावधानी से निर्णय लेना है! आपको अपने संसाधनों और क्षमता का आकलन करते हुए सकारात्मक सोच के साथ प्रयास तो प्रारम्भ करना ही पड़ेगा।

आपके मन-मस्तिष्क के विचार ही आपके शब्द बनते हैं! आपके शब्द ही आपके कर्म बनते हैं! आपके कर्म ही आपकी आदत बनते हैं! आपकी आदतें ही आपका चरित्र बनाती हैं! अतः आवश्यक है कि जीवन में अच्छे विचार से अच्छे चरित्र तक की यात्रा सकारात्मक सोच के साथ हो! अतः किसी भी काम को प्रारम्भ करने से पहले उस पर विचार करना आवश्यक होता है। गहन विचार के प्रारम्भ से लेकर अन्त तक की प्रक्रिया के विचार को हम 'विजन' भी कह सकते हैं। ऐसा कहा जाता है कि विचार में बड़ी ताक़त होती है। विचार ही लक्ष्य बनता है। जब लक्ष्य आपके दिल एवं दिमाग़ से निकलता है तो आकर्षण का नियम कहता है कि समान चीज़ें समान चीज़ों को आकर्षित करती हैं।[1] जब आप अपने लक्ष्य के बारे में बार-बार सोचते हैं तो एक दिन वह वास्तविक रूप में परिवर्तित हो जाता है। परन्तु लक्ष्य को पाने के लिए फिर आपको जुटना पड़ता है, पूरे मनोयोग से, पूरी मेहनत से, सारे संसाधनों एवं सम्बन्धों को इस्तेमाल करते हुए! इच्छाशक्ति बहुत बलवान होती है। किसी भी लक्ष्य को प्राप्त करने के लिए तीव्र इच्छा पैदा करनी होती है। उसको प्राप्त करने के लिए रात-दिन प्रयास करना, उसे बार-बार याद करना, उसके परिणाम को महसूस करना, लक्ष्य तक पहुँचाने में मदद करता है।

---

1. Birds of the same feathers flock together. –A proverb.

अत: यह आवश्यक है कि आप अपना लक्ष्य सोच-समझकर निर्धारित करें और उसे हासिल करने में जुट जायें। आप अपने लक्ष्य पर केन्द्रित हो जायें और उसे प्राप्त करने के लिए ही हर समय अपना ध्यान केन्द्रित रखें। आप अपने लक्ष्य को लिखें एवं बार-बार पढ़ें, जिससे वह आपको हमेशा याद रहे और आप उससे विलग न हों। जो इन्सान सब कुछ एक साथ करने की कोशिश करता है, वह जीवन में कुछ भी नहीं कर पाता। अत: जीवन में एक-एक लक्ष्य चुनकर आगे बढ़ते रहें।[1] एक प्रसिद्ध कहावत है–ऐके साधै सब सधै, सब साधै सब जाय!

जीवन में यदि लक्ष्य न हो, कोई प्रतियोगी न हो, कोई आलोचक न हो, कोई चुनौती न हो तो कुछ अच्छा एवं और अच्छा करने का मज़ा ही समाप्त हो जाता है। अत: जब कभी आपको लगे कि आप वर्तमान में सर्वोच्च स्थान पर पहुँच चुके हैं। अब यहाँ रहना सड़ाँध पैदा करेगा या राजनीति के शिकार होंगे या यहाँ से उतार प्रारम्भ होगा तो तुरन्त दूसरा लक्ष्य निर्धारित कीजिए। उस लक्ष्य की ओर बढ़िए और उसमें कुशलता हासिल कीजिए, वर्ना जीवन नीरस एवं बेमतलब हो जायेगा। लक्ष्य एक क्षितिज है, जो नियत स्थान पर पहुँचने पर सतत आगे बढ़ने की प्रेरणा देता है।

एक परिपूर्ण और सन्तुष्ट जीवन जीने के लिए यह आवश्यक है कि आप अपनी दौड़ प्रारम्भ कीजिए! अपनी विशिष्टता को पहचानिए तथा उसे सामाजिक दबावों के सामने अधूरी छोड़कर मत झुकिए! काम वही कीजिए जो आपके लिए सही है और आपकी क्षमता में है। किन्तु वह काम सिर्फ़ इसलिए मत कीजिए, क्योंकि दूसरे लोग उस काम को कर रहे हैं। हर व्यक्ति की रुचि, क्षमता और संसाधनों में भिन्नता होती है। आप दूसरों को नहीं, अपने आप को पहचानें।

'मेरे बारे में लोग क्या कहेंगे?' का भय किसी को भी सफल नहीं होने देता है। मुझे नहीं मालूम कि 'कामयाबी पाने की कुंजी क्या है', किन्तु हर आदमी को ख़ुश करने की कोशिश करना ही नाकामयाबी की कुंजी है। निंदा से या निन्दा करने वालों से घबराकर अपने लक्ष्य को न छोड़ें, क्योंकि निन्दक[2] आपके विचारों को सकारात्मक दिशा देने में सहयोगी होते हैं। लक्ष्य मिलते ही निन्दा करने वालों की राय बदल जाती है।

---

1. Be concentrated and get success.
2.(अ) निन्दक नियरै राखियै, आँगन कुटी छवाय।
बिन साबुन पानी बिना, निरमल करै सुभाय।। –महात्मा कबीर। ?
(ब) जिन्दा हैं तो निन्दा होगी ही! तारीफ़ तो मरने के बाद हुआ करती है!! –अज्ञात!

अपना लक्ष्य बनाइए! लक्ष्य हमेशा बड़ा बनाना चाहिए! उस तक पहुँचने के लिए छोटे-छोटे लक्ष्यों को सीढ़ियों की तरह उपयोग में लीजिए! बड़े सपने देखिए! ये सपने अन्तर्मन से उपजें यह आवश्यक है। ये जितने भीतर से आयेंगे, बाहर उनका रंग उतना ही गहरा होगा। बड़े लक्ष्य से बड़ी सोच का निर्माण होगा। बड़ी सोच से हमारी कार्यशैली भी बड़ी होगी और परिणाम भी बड़े आयेंगे। अक्सर हम बड़े सपनों से डरते हैं और फिर बड़ा काम करने की सोच ही नहीं पाते हैं। हममें से अधिकांश निराशावादी लोग 20 साल में ही मर जाते हैं, क्योंकि उनकी आत्मा मरी हुई होती है, पर उनका दाह-संस्कार 80 साल में होता है। क्योंकि वास्तविकता यह है कि किसी भी इन्सान को रोका नहीं जा सकता, जब तक वह ख़ुद नहीं रुकता। असफलता तभी आती है, जब हम सफलता के प्रयास रोक देते हैं, ऐसा नहीं है कि परिस्थितियाँ कठिन हैं। वे कठिन इसलिए हैं कि हम हिम्मत नहीं करते, इसलिए वे कठिन लगती हैं।

जब आपने अपना लक्ष्य निर्धारित कर लिया और उसे अवचेतन दिमाग़ में पहुँचा दिया तो फिर आपको उस लक्ष्य को प्राप्त करने के लिए निम्नांकित पाँच (5 डी) पर काम करने होंगे, उससे आपको अपना लक्ष्य प्राप्त होगा। ये आपकी सफलता में मील का पत्थर सिद्ध हो सकते हैं–

- Desire तीव्र इच्छा लक्ष्य को प्राप्त करने की।
- Determination लक्ष्य को प्राप्त करने का दृढ़-निश्चय।
- Dedication लक्ष्य को प्राप्त करने के लिए पूर्ण मनोयोग से पूरी मेहनत से लग जाना।
- Discipline लक्ष्य को प्राप्त करने के लिए जिस तरह के अनुशासन की आवश्यकता हो उसकी पूर्ण पालना करना।
- Devotion लक्ष्य के प्रति पूर्ण श्रद्धा के साथ मेहनत करना एवं सफलता प्राप्त करने का पूर्ण विश्वास रखना।

यदि आप इन पाँचों निर्देशन बिन्दुओं का ईमानदारी से पालन करोगे तो सफलता अवश्य आपके चरण चूमेगी।

छोटे-छोटे प्रयास सफलता का सिंहद्वार खोलते हैं। उदाहरण के लिए एक बहुत बड़ा बँगला है। उसका एक बहुत बड़ा गेट है। वह गेट बन्द है। जब तक वह गेट नहीं खुलेगा आप अन्दर नहीं जा सकते। गेट पर एक ताला लगा हुआ है। जब तक वह ताला नहीं खुलेगा, वह गेट नहीं खुलेगा। ताला खुलेगा एक चाबी से और चाबी तो एक छोटी-सी वस्तु होती है, पर बँगले में प्रवेश करने के लिए उसका कितना

महत्त्व है? ठीक इसी प्रकार जीवन में सफलता के लिए छोटी-छोटी चीज़ों का बड़ा महत्त्व है। वह सफलता के लिए बड़े-बड़े दरवाज़े खोलती है। हज़ार मील की लम्बी यात्रा एक क़दम से शुरू होती है। हर क़दम मंज़िल की दूरी कम करता है। आपका छोटा-सा हर क़दम मिलकर मंज़िल तक पहुँचा देता है। चलना जारी रखिए! जीवन में यह महत्त्वपूर्ण नहीं है कि आपने कितनी यात्रा तय कर ली है, किन्तु महत्त्वपूर्ण यह है कि मंज़िल अभी कितनी दूर है, जिसे आपको अभी पार करना शेष है? इसलिए जीवन में छोटे-छोटे प्रयास, छोटे-छोटे सहयोग एवं सहयोगियों को कभी नज़रअन्दाज़ नहीं करना चाहिए।

इस दुनिया में कोई असफल नहीं हुआ हो, वह सफल हो ही नहीं सकता। वस्तुतः असफलता ही सफलता की कुंजी है। हर एक असफलता हमें बहुत सारे सफलता के पाठ पढ़ाती है। असफलता से हमें ज़िन्दगी जीना आता है। याद रखो हर असफलता में आपकी सफलता का बीज छिपा होता है। वह बीज एक दिन आपको आपकी मंज़िल तक पहुँचा देता है। इसलिए इस नाकामयाबी को अपनी ज़िन्दगी का हिस्सा या क़िस्मत न मानें। निराश न हों! हर असफलता से हमें कुछ सीखना चाहिए। असफलता के सामने हार न मानकर, हमेशा प्रयास में जुटे रहने एवं असफलता मिलने पर भी लगातार आगे बढ़ने का मतलब ही सफलता को पाना होता है। आपने मकड़ी और हारे हुए राजा[1] की कहानी तो पढ़ी ही है।

आप किसी काम को करने में असफल हुए हो, आप असफल नहीं हो। दोनों में फ़र्क़ है। काम में असफलता मिल सकती है। *सफल वह इन्सान है, जिसे असफलताएँ तो मिली हैं लेकिन उसने ख़ुद को कभी असफल नहीं माना है। अलबर्ट आइंस्टाइन और एडिसन को कामों में ख़ूब असफलताएँ मिलीं, लेकिन उन्होंने ख़ुद को कभी असफल नहीं माना। वे प्रयास करते रहे। असफलता अस्थायी होती है किन्तु वह सफलता का बीजारोपण करती है। सफलता के लिए संकल्पित लोग असफलता को एक क्षणिक घटना के रूप में देखते हैं, न कि अभिशाप के रूप में।*

दोस्तो! यदि आपकी हार होती है तो लक्ष्य मत बदलो! धैर्य धारण करते हुए आप अपना रास्ता बदल लो! आपकी ग़लती कहाँ पर हुई है? इस पर विचार करो! आप बार-बार उसी रास्ते को अपनाते हो, जिससे आपकी हार हुई है। यह बहुत ही

1. एक राजा शत्रुओं से हारकर, जान बचाकर जंगल में एक गुफा में जा छिपा। उसने उस गुफा में देखा कि एक मकड़ी अपने लक्ष्य पर पहुँचने के बाद फिसलकर वापस नीचे आ जाती है। फिर भी उसने हिम्मत नहीं हारी और सात बार प्रयास करने पर अन्त में अपने लक्ष्य पर पहुँच गयी। राजा ने इससे प्रेरणा लेकर पुनः युद्ध किया एवं खोया राज्य पुनः प्राप्त कर लिया।

ख़तरनाक है। हार होने पर अपनी रणनीति को बदलो! नया रास्ता ढूँढ़ो, जिससे आप अपने लक्ष्य पर पहुँच सको–

जब दुनिया यह कहती है कि
'हार मान लो'
तब आशा धीरे से कान में कहती है,
'एक बार फिर प्रयास करो!

आप अपने जीवन के उद्देश्य तय करते हुए सावधानी बरतें और उस उद्देश्य पर अटल रहें! इस सन्दर्भ में अब्राहम लिंकन का एक प्रसंग बहुत ही प्रेरणादायक है। वह यह है कि अमेरिका में एक बहुत बड़ा धर्मगुरु आया हुआ था। चर्च में उससे मिलने के लिए अमेरिका के सभी बड़े-बड़े लोग पहुँचे। धर्मगुरु ने आवाज़ लगायी, "कौन-कौन लोग स्वर्ग में जाना चाहते हैं? वे लोग खड़े हो जायें!" अब्राहम लिंकन को छोड़ कर सभी लोग खड़े हो गये।

धर्मगुरु ने फिर आवाज़ लगायी, "कौन नरक में जाना चाहता है? अपने हाथ खड़े करो!" किसी ने भी हाथ खड़े नहीं किये।

धर्मगुरु ने अब्राहम लिंकन से पूछा, "आप स्वर्ग में भी नहीं जाना चाहते हो और नरक में भी नहीं जाना चाहते हो, तो आप कहाँ जाना चाहते हो?" अब्राहम लिंकन ने कहा, "मैं चर्च से फ्री होकर सीधा कांग्रेस कार्यालय में जाना चाहता हूँ। यानी कि अपने कर्तव्य पथ पर जाऊँगा। मुझे किसी के देखा-देखी काम करने में विश्वास नहीं है। मैं अपना रास्ता स्वयं बनाना जानता हूँ।"

इस प्रसंग से यह प्रेरणा मिलती है कि अपने निर्णय ख़ुद करो और दूसरों की देखा-देखी कार्य मत करो! अपने निर्णय के जैसे भी परिणाम आयें, उनके लिए स्वयं को ज़िम्मेदार मानो! किसी अन्य को दोष मत दो। जो हो गया, उसे बदला नहीं जा सकता। अत: अतीत की कड़वी यादों को याद कर, वर्तमान को ख़राब मत कीजिए! अतीत की अच्छी चीज़ों को याद रखिए![1] अप्रिय एवं दुखी करने वाली चीज़ों को प्रयासपूर्वक भूल जाइए! हर कार्य में आशावादी दृष्टिकोण आवश्यक है। यही जीवन में सुख एवं शान्ति से रहने का मार्ग है।

वस्तुत: सफल जीवन के लिए लीक से हटकर काम करने की आवश्यकता है।

---

1. मेरा कल उज्ज्वल था, आज भी उज्ज्वल है। अत: निश्चित ही आने वाला कल भी उज्ज्वल होगा।
2. तुलसी मीठे वचन ते, सुख उपजत चहुँ ओर।
   वशीकरण यह मन्त्र है, तज दे वचन कठोर।।

हर रोज़ वह पढ़िए, जो हर कोई नहीं पढ़ता है। हर दिन ऐसा सोचिए जो हर कोई नहीं सोचता और ऐसा करिए जो कोई नहीं करता। बिना परेशान, हैरान एवं दिग्भ्रमित हुए अपने लक्ष्य की ओर बढ़िए, यही सफल इन्सान का आगे बढ़ने का तरीक़ा है। कोई काम इसलिए मत कीजिए कि दूसरे उसे कर रहे हैं। वही काम कीजिए जो आपके लिए सही हो। आपके लिए क्या सही है? यह तय आपको करना पड़ेगा। दूसरों के कहे अनुसार रास्ता तय करना लाभदायक नहीं होता है।

इसे यों समझिये कि आपको बैंक या बाज़ार से ऋण कम से कम ही लेना पड़े। यदि नहीं लेना पड़े तो अधिक अच्छा है। जहाँ तक हो सके पार्टनरशिप भी नहीं करनी चाहिए! यदि करनी पड़ जाये तो उसे पूरी तरह निभानी चाहिए! व्यवहार की मधुरता एवं वचन की प्राथमिकता का जीवन में बड़ा स्थान है, जो भी वचन किसी को दें, उसे पूरी प्राथमिकता से निभाएँ। किसी से सख़्त एवं कटु वचन बोलना, आज के ज़माने में पाप जैसा है। कोई भी व्यक्ति आजकल सुनना नहीं चाहता। अतः हर परिस्थिति में सिर्फ़ और सिर्फ़ मीठा बोलना आवश्यक है। यदि आपको उचित नहीं लग रहा हो तो चुप रह जाइए, स्थान बदल दीजिए, पानी पी लीजिए, पर ग़लत मत बोलिए!

11
स्वाध्याय एवं आत्मानुशासन

स्वाध्याय से मनुष्य में आत्मानुशासन की भावना का विकास होता है। इससे हम चिन्तनशील बनते हैं। अत: स्वाध्याय एवं आत्मानुशासन का घनिष्ठ सम्बन्ध है। ये दोनों संप्रत्यय सफल जीवन की कुंजी है। स्वाध्याय मानव के चिन्तन स्तर में वृद्धि करता है। यह चिन्तन ही सभ्यता और संस्कृति के विकास का मूल आधार है। अत: प्रतिदिन कुछ पढ़ने की आदत अवश्य डालें, अगर सम्भव हो तो कुछ लिखना भी प्रारम्भ करें। लिखने की कई विधाएँ हैं। बड़े रूप में गद्य एवं पद्य! इनके कई उपभेद[1] हैं। लिखने का अभ्यास कीजिए! आपकी चिन्तन क्षमता बढ़ेगी। चिन्तन की ये नवीन कल्पनाएँ नवाचारों को जन्म देती हैं।

स्वाध्यायी होने के लिए प्रत्येक व्यक्ति को आत्मानुशासित होना आवश्यक होता है, जिसका अर्थ है–निज पर शासन फिर अनुशासन और आत्मानुशासन! यही उच्च स्तरीय सफलता एवं अर्थपूर्ण जीवन की सुनहरी कड़ी है। अनुशासन, हमसे वह काम करवाता है, जिन्हें हम दिल से जानते हैं कि हमें करना चाहिए, किन्तु हमारा मन उसे करने नहीं देता है। जितना आप अपने आपसे प्रेम करेंगे, आप उतना ही अनुशासित एवं संयमित जीवन जी पायेंगे। अपने आपसे प्यार करना, अर्थात् अपनी आत्मा से प्यार करना, न कि अपनी काया को प्यार करना है। आत्मा और काया में बहुत बड़ा अन्तर है। आत्मा अजर-अमर है जबकि काया स्थूल और नाशवान है। काया को प्यार करने वाले अक्सर आराम पसन्द हो जाते हैं और जीवन में बहुत अधिक हासिल नहीं कर पाते। क्योंकि मनुष्य जन्म तो सहज में होता है, किन्तु मनुष्यता उसको कठिन परिश्रम और अभ्यास से प्राप्त होती है। अत: काया को नहीं आत्मा को प्यार कीजिए! आत्मा को प्यार करने वाले जीवन में हर समय नये

1. लेखन या सृजन एक प्रकार की मौलिक अभिव्यक्ति का माध्यम है। इसमें गद्य विधा में कहानी, लघुकथा, उपन्यास, निबन्ध, संस्मरण, जीवनी, आत्मकथा, यात्रावृतान्त, रिपोर्ताज, एकांकी, नाटक, पत्र, डायरी आदि हो सकते हैं। पद्य में क्षणिका, दोहा, चतुष्पदी, कविता, खण्ड काव्य, प्रबन्ध काव्य, महाकाव्य आदि आते हैं!

कीर्तिमान स्थापित करते हैं। इसके लिए विवेक के साथ स्वयं के क्रियाकलापों का आत्मविश्लेषण कीजिए, आप जीवन में अवश्य सफल होंगे।

आप रोज़ सायंकाल सोते समय 15 मिनट अपने आपको दीजिए और अपने दिन का लेखा-जोखा करने की आदत डालिए! यह हिसाब लगाइए कि आज मैंने क्या अच्छा किया? क्या बुरा किया? क्या मुझे करना चाहिए था? क्या मुझे नहीं करना चाहिए था? और इससे मैंने क्या सीखा? ज़िन्दगी रोज़ सिखाती है[1] और इसमें रोज़ सुधार का अवसर भी रहता है। लोगों के समूह में बोलने का अभ्यास कीजिए! धीरे-धीरे दक्षता आयेगी, आप अनुशासित बनेंगे और लोग आपकी ओर प्रभावित होने लगेंगे। आपके व्यक्तित्व का विकास होगा। आप में आत्मविश्वास बढ़ेगा! जो ऐसा करता है, सफलता उसके क़रीब आने लगती है।

ज़िन्दगी में अनुशासन, स्वाध्याय और आत्मानुशासन एवं नियमित दिनचर्या का बड़ा महत्त्व है। यह हमारे लिए बन्धन नहीं है, बल्कि हमें हर समय व्यवस्थित तथा तनावरहित जीवन जीने में मदद करता है। आत्मानुशासन ख़ुद से वह काम कराने की योग्यता है, जो आपके लिए समाज के शाश्वत जीवनमूल्यों की कसौटी पर दायित्वबोध के साथ अनुशासित रहते हुए आपके द्वारा किया जाना अपेक्षित है।[2] चाहे आप उसे पसन्द करते हों या न करते हों। इस आत्मानुशासन का जीवन में तभी पालन हो सकता है, जब मनुष्य जिस काम में लगा हो, उस काम से उसे अनुराग हो। वह इसे अपना दायित्व समझता हो। इसके बिना अनुशासन एक दिखावा मात्र है। जीवन में आत्मानुशासन कैसे आता है? उसका एक ही तरीक़ा है कि आप अपने कार्य या लक्ष्य को केवल काम न समझकर उसे अपने जीवनरूपी युद्ध में सफलता के लिए अपनी जीत की ख़ातिर जुनून बना लीजिए–

जीत की ख़ातिर बस जुनून चाहिए।
जिसमें उबाल हो ऐसा ख़ून चाहिए।।
यह आसमाँ भी आयेगा ज़मीं पर, बस,
इरादों में जीत का मजमून चाहिए।

दोस्तो! अपने लक्ष्य को पागलपन की हद वाली 'बर्निंग डिजायर' बना लो! जुनून बना लो। ऐसा करने से आपका यह जुनून, इस सृष्टि में ख़ुशबू की तरह फैल जायेगा एवं यह क़ायनात आपको आपके जुनून से मिला देगी।

---

1. कुछ लिखकर सो, कुछ पढ़कर सो। जगने की जगह से बढ़कर सो।।
2. आत्मसंयम, आत्मानुशासन और त्याग के बिना राहत या मुक्ति की आशा नहीं की जा सकती है। किन्तु अनुशासनहीन त्याग से काम नहीं चलेगा। –महात्मा गांधी।

दोस्तो! जुनून आपकी ज़िन्दगी में आत्मानुशासन ले आयेगा। अगर मन में कुछ कर गुज़रने का जुनून हो तो सारी सृष्टि आपका साथ देती है। सम्पूर्ण प्रकृति में कठोर अनुशासन है। वह थोड़ी-सी इसलिए क्रूर है, ताकि वह दयालु हो सके! यदि आप प्रकृति के प्रति दयालु बनेंगे तो वह आपसे भी अधिक दयालु बनेगी! वह तो हमें देती ही है। देने के बदले में वह कुछ लेती नहीं! उन व्यक्तियों ने वह सब कुछ पाया, जो उन्होंने इच्छा की और अपने आप पर विश्वास किया। उनके सम्बन्ध में आम लोगों ने जो धारणा बनाई, उस पर वे नहीं चले। जैसे–यह आम धारणा थी कि स्पेन से एशिया की समुद्री यात्रा करना असम्भव है। किन्तु इस आम धारणा के बावजूद, एक साल की अवधि में ही कोलम्बस ने पश्चिमी दुनिया की समुद्री यात्रा कर ली एवं एशिया की खोज की। सन् 1825 में लन्दन की जानी-मानी पत्रिका ने कहा था कि लोकोमोटिव इंजन के माध्यम से तेज़ गति से यात्रा करने की कल्पना करना व्यर्थ है। लेकिन इस घोषणा के थोड़े समय बाद ही जार्ज स्टीवेंसन ने स्टीम (लोकोमोटिव) इंजन का आविष्कार कर यात्रा की दुनिया में नये कीर्तिमान स्थापित किये।

सन् 1903 में अमेरिका टाइम्स ने लिखा कि वैज्ञानिकों को हवाईयात्रा की सम्भावना पर अपना समय व्यर्थ नहीं करना चाहिए, क्योंकि मानव जाति के लिए उड़ पाना असम्भव है। इस घोषणा के एक सप्ताह बाद राइट बन्धु ने प्रथम सफल हवाईयात्रा का प्रयोग कर दिखाया। इसी तरह 1948 में साइंस डाइजेस्ट ने कहा कि हमें चन्द्रमा पर जाने में 200 साल लगेंगे। यह बड़ा मुश्किल काम है तथा काफ़ी जोखिम भरी चुनौती है। किन्तु महज़ 21 सालों में नील आर्म स्ट्रांग ने सफलतापूर्वक चन्द्रमा पर अपना पैर रख दिया।

संसार में हुई ये उपलब्धियाँ औद्योगिक क्रान्ति का परिणाम हैं। इसके बाद शनैः-शनैः जो विकास और आविष्कार हुए हैं, उनने मानव सभ्यता के विकास में जो ऊँचाइयाँ प्रदान की हैं उसका परिणाम है कि मनुष्य चन्द्रमा तक पहुँच गया है। हाल ही में चन्द्रमा के दक्षिणी ध्रुव पर भारत के चन्द्रयान ने उतर कर नये कीर्तिमान स्थापित किये हैं। अब तो वैज्ञानिक मंगल ग्रह पर पहुँचने की तैयारी में हैं।

इन सब आश्चर्यजनक उदाहरणों से यह सिद्ध होता है कि आप वह सब प्राप्त कर सकते हैं, जिसका आप विचार करते हैं, उसे लक्ष्य बनाते हैं, उसे प्राप्त करने का प्रयास प्रारम्भ करते हैं या हौसला रखते हैं, तब ही आपकी मंज़िल तय होती है। आवश्यकता केवल संकल्पित एवं आत्मानुशासित होने की है।

यह आत्मानुशासन ही स्वयं को अच्छे कार्यों के लिए प्रेरित करना और अपने आप से प्यार करना है। आपको यह सीखना होगा। यदि आप अपने आप से प्यार

करते हैं तो अपनी छोटी से छोटी सफलता पर ख़ुश होना सीखिए और मौक़ा लगे तो इस पर जश्न मनाइए! इससे आप अपने आपको ऊर्जावान महसूस करेंगे। इसके लिए अपने दिन की दिनचर्या में अच्छे काम को स्वीकार करना, उसकी प्रंशसा करना और उसको महसूस करना होगा। ऐसा दिन में तीन बार कीजिए! आपको परम सन्तोष मिलेगा।

यदि सफलता की एक मंज़िल मिल जाये तो मन में दूसरी के लिए प्रयास और तीसरी के लिए उत्सुकता होनी चाहिए। यही निरन्तर विकास की प्रक्रिया है। इस भावना ने ही आदिम मानव को गुफाओं के प्रारम्भिक जीवन से निकालकर प्रगतिपथ पर अग्रसर करते हुए इक्कीसवीं सदी में पहुँचाया है।

इन्सान सब कुछ कर सकता है, किन्तु अपनी मूल प्रवृत्ति नहीं बदल सकता है। अत: अपनी मूल प्रवृत्ति में रहिए! यही आपके सभ्य जीवन की कसौटी है। बनावटी जीवन खोखलापन लाता है। इससे हर समय पोल खुलने का ख़तरा बना रहता है। अत: अपनी मूल प्रवृत्ति में जिएँ और मूलप्रवृत्ति से ही सभ्य व्यक्ति की भाँति विकास करें।

यदि हम अपने जीवन का नियन्त्रण अपने हाथ में नहीं लेते हैं तो जीवन हमें नियन्त्रित करने लगता है। दिन हफ़्तों में बदल जाते हैं और हफ़्ते महीनों में और महीने साल में; और ज़िन्दगी यूँ ही बीत जाती है।[1] अत: जीवन का लक्ष्य निर्धारित हो, उसको जीने की प्राथमिकता तय हो और उसे पूर्ण रूप से जिया जाये!

आप यह याद रखिए कि समाज में आप अकेले ही नहीं हैं और न अकेले व्यक्ति से समाज बनता है। अत: आवश्यक है कि हम समाज के अन्य व्यक्तियों का ईमानदारी के साथ सम्मान करना सीखें! उनसे सद्‌भावनापूर्ण सम्बन्ध रखें! ईमानदारी का आवश्यक गुण है–कर्तव्यनिष्ठा! आप जब किसी से मिल रहे हैं, तो स्वयं को एक सामाजिक प्राणी समझकर उससे बात कीजिए और जब तक बात पूरी न हो जाये, उसी से निष्ठापूर्वक बात करते रहिए! पूरी तरह से अपना पूरा ध्यान उसी पर लगाइए! बार-बार इधर-उधर देखना, मोबाइल पर नज़र घुमाना, सामने वाले का अपमान है। उससे कई ग़लतफ़हमियाँ विकसित हो सकती हैं। यह बात हमेशा ध्यान रखिए! मोबाइल हमारी सुविधा के लिए है। अत: आप जो काम कर रहे हैं, उसे पूरे मनोयोग से करिए! देखिए, जीवन में ईमानदारी से निष्ठापूर्वक कार्य करने से अच्छे परिणाम आयेंगे! इससे आप ख़ुश और तनावमुक्त रहेंगे।

---

1. सुबह होती है, शाम होती है, ज़िन्दगी यूँ ही तमाम होती है। –अज्ञात!

12
सफलता में परिश्रम की भूमिका

सफलता मिलती नहीं, हासिल करनी पड़ती है। इसके लिए परिश्रम तो आवश्यक है ही, किन्तु सतत प्रयास करना ज़रूरी होता है। हार मान लेने से काम नहीं चल सकता है। मंज़िल ख़ुद चलकर अपने पास नहीं आती, मंज़िलों तक हमें जाना होता है। एक रास्ता चूक गया तो दूसरा बनाना होता है।

मूर्ति बनायी नहीं जाती, पत्थर से तराशी जाती है। जो पत्थर तराशने का दर्द[1] सहन कर लेता है, वह मन्दिर में प्रतिष्ठित होकर पूजनीय बन जाता है। अपने व्यक्तित्व में निखार लाने के लिए तराशे जाने का दर्द तो सहना ही पड़ेगा। इसके लिए दृढ़ संकल्प, तीव्र इच्छाशक्ति, आत्मविश्वास, लगन, उत्साह, कड़ी मेहनत, अनुशासन एवं लक्ष्य के प्रति सकारात्मक सोच और श्रद्धा सफलता की कुंजी है।[2] काम करने का विशिष्ट तरीक़ा एवं उसके विधिवत् समापन की सुन्दरता सफलता में चार चाँद लगा देती है। परिश्रम हर दूसरी अच्छी वस्तु की तरह स्वयं ही अपना पुरस्कार होता है। जो न स्वयं के हित में परिश्रम करता है और न समाज के हित में, उसे ईश्वर का पुरस्कार कभी नहीं मिल सकता है।[3]

आप जो कोई भी काम हाथ में लें, उसे बीच में न छोड़ें। आदमी काम की अधिकता से नहीं, उसे भार समझकर अनियमित रूप से करने से थकता है। अतः जो काम आप प्रारम्भ करें उसे पूर्णता के शिखर पर पहुँचाकर ही दम लें। काम का तरीक़ा हमेशा सरल एवं निपुणतायुक्त होना चाहिए। जो भी काम करें उसे अपनी क्षमता के अनुसार निष्ठा, ईमानदारी एवं निपुणतापूर्वक करें। त्रुटियाँ कम से कम

1. कल तक जो पत्थर था, आज बुत बन गया। तराशे जाने का दर्द जो सहा है। –अज्ञात।
2. नवयुवकों की सफलता के लिए मेरा तीन शब्दों का सन्देश है–परिश्रम, परिश्रम और परिश्रम!
–बिस्मार्क
3. श्रम ही सों सब मिलत है, बिन श्रम मिलै न काहि!
सीधी अंगुरि घी जम्यौ, क्यों हूँ निकसत नाहिं!! –सन्त वाणी।

करें, इसका ख़याल रखें। काम को करते वक़्त अपनी टीम बनानी चाहिए। सबको साथ लेकर चलना चाहिए। हमेशा ध्यान रखिए, कड़ी मेहनत एवं लगन से काम करने का कोई विकल्प नहीं है। यदि कोई सफलता प्राप्त करनी है तो आपको पूरी लगन, पूर्ण मनोयोग एवं कड़ी मेहनत से लगना होगा। सफलता अवश्य मिलेगी, यह मेरा पक्का विश्वास है। कोई भी काम मुश्किल नहीं होता। वह मुश्किल तब तक ही लगता है, जब तक हम उसे शुरू नहीं करते। जब काम पूर्ण मनोयोग एवं मेहनत से शुरू हो जाता है, इरादा पक्का हो जाता है तो रुकावटें एवं अड़चनें अपने आप दूर होना शुरू हो जाती हैं। कम-ज़्यादा समय लग सकता है। पर काम अवश्य पूरा होता है।

जो लोग ज़्यादा ख़तरे मोल लेते हैं और दूसरों से ज़्यादा हिम्मत रखते हैं, वे स्वाभाविक रूप से ज़्यादा असफलताएँ भी झेलते हैं। परन्तु मेरी राय में हिम्मत से कोशिश करके असफ़ल होना, कोई भी प्रयत्न न करने से बेहतर है। असफलता वह कुंजी है जो सफलता रूपी भव्य भवन के द्वार खोलती है। मैं सुखी, सुरक्षित एवं साधारण जीवन जीने की तुलना में अपने जीवन के दिन असम्भव लगने वाली चीज़ों को सम्भव बनाने के प्रयास में बिताना पसन्द करूँगा! मेरी चेष्टा होगी कि मैं असम्भव को सम्भव बनाऊँ! उसमें यदि असफल हो जाऊँ तो भी कोई ग़म नहीं। ऐसी भावना ही आपको आगे बढ़ाने के लिए प्रोत्साहित करेगी और यही है जीवन की असली सफलता का सार! जीवन की सफलता का मापदण्ड वह स्थान नहीं है, जहाँ तक कोई पहुँचता है; बल्कि वे बाधाएँ हैं जिन्हें जीतकर व्यक्ति उस सफलता तक पहुँचता है और उससे अनुभव अर्जित करता है। ये अर्जित अनुभव ही कालान्तर में सभ्यता और संस्कृति के विकास का अंग बनते हैं।

जीवन अंकों का खेल है। आप जितना जोखिम उठाएंगे, आपको उतना ही अधिक फल मिलेगा।[1] भाग्य कमज़ोर दिलवाले लोगों की क़िस्मत में नहीं होता है। जीवन में सफलता मिलना अपने प्रयास एवं भाग्य का फल है। किन्तु पूरी ताक़त, हिम्मत एवं साहस से काम करना और सफल हो जाना अपने हाथ की बात है। वीरतापूर्वक लड़ते हुए हार जाना कोई छोटी बात नहीं है। यह उन लोगों से 1000 गुणा बेहतर है, जो लड़ने के लिए मैदान में उतरे ही नहीं हैं।

जब तक आप ज़िन्दा हैं, जीने का तरीक़ा सीखते रहिए! आप जीवन में कितनी उन्नति करेंगे यह सिर्फ़ आपके प्रयास पर ही निर्भर नहीं करता, बल्कि इस पर भी

1. As you sow, so shall you reap! –AProverb.

निर्भर करता है कि आप प्रयास करते समय कितनी अच्छी सोच रखते हैं, आप किन लोगों से मिलते-जुलते हैं तथा कौन-सी किताब पढ़ते हैं? अतः कोई न कोई नित्य नयी और अच्छी पुस्तक पढ़ने की आदत अवश्य डालिए! दिन में कम से कम एक बार अपने से बड़े व्यक्ति से ज़रूर मिलिए! उनके कार्य, व्यवहार एवं विचार पर अमल कीजिए! इससे हमें निरन्तर ज्ञान एवं अनुभव का अर्जन होगा। यह अच्छे एवं सफल व्यक्ति की खुराक है।

समाज में पायी जाने वाली बुराइयों पर घण्टों बातचीत करने मात्र से अपने कर्तव्य की इतिश्री मत समझिए! शुरुआत अपने आस-पास के वातावरण को बदलने के लिए छोटे-छोटे कार्यों से होती है। इसमें किसी बड़ी क्रान्ति या आन्दोलन के इन्तज़ार की आवश्यकता नहीं होती है। बस, शुरू हो जाइए! अपने से जितना बन सके, ईमानदारी से परिश्रम करना प्रारम्भ कीजिए![1] फिर देखिए, एक ईमानदार प्रयास में इतनी शक्ति होती है कि वह अनेक व्यक्तियों का जीवन बदल सकता है। इसके लिए उन व्यक्तियों को मत सराहो, जिन्होंने अनीतिपूर्वक सफलता पायी है और सम्पत्ति कमाई है।

"सब कुछ ठीक है, सब कुछ ठीक होगा!" इन शब्दों का व्यावहारिक जीवन में कोई महत्त्व नहीं है। प्रयास के बिना कुछ भी कार्य ठीक नहीं हो सकता है। बिना प्रयास न कोई रिश्ता निभ सकता है और न कोई दोस्ती! बिना प्रयास न ही किसी समस्या का समाधान हो सकता है और न किसी लक्ष्य की प्राप्ति!

हमेशा अच्छी चीज़ों को याद रखिए, अच्छा काम करिए, अच्छा बोलिए, अच्छा खाइए, अच्छा पहनिए एवं अच्छा आचरण करने का प्रयास कीजिए। सब काम अच्छा करिए, बुराई से दूर रहिए, गन्दगी से दूर रहिए, यदि कभी बुराई या गन्दगी में मजबूरी में जाना पड़ जाये तो उसके साथ समझौता करने के बजाय, वहाँ के माहौल ठीक करने का प्रयास करिए। किसी भी कार्य में सफलता अचानक नहीं मिलती है। सफलता तो उस कार्य को सिद्ध करने के लिए किये गये उन सब छोटे-छोटे प्रयासों और कार्यों का समेकित परिणाम है, जिनको आपने पूरे मनोयोग से लक्ष्य को निर्धारित कर लगातार किये हैं।

अगर आपको किसी काम को करने की प्यास लग जाये यानी कि उस कार्य को करने की तीव्र इच्छा जाग्रत हो जाये तो दुनिया की कोई ताक़त नहीं है जो आपको इस कार्य को करने में सफल होने से रोक दे। कहते हैं कि आप जिस चीज़ को बड़ी शिद्दत से चाहते हो तो सारी क़ायनात आपको उससे मिलाने में लग जाती है।

1. जो शारीरिक श्रम नहीं करता, उसे खाने का हक़ कैसे हो सकता है? –महात्मा गांधी

सही दिशा में मेहनत के अलावा सफलता का और कोई शॉर्टकट नहीं है। अपनी क़िस्मत के रचयिता हम ख़ुद हैं। आप जो कुछ भी करना चाहते हैं, वह तय कर लो फिर इसे पूरा करने के लिए पूरी ताक़त झोंक दो। हमारे अन्दर इतनी ऊर्जा होती है कि अगर हम उसका सही उपयोग सही दिशा में करें तो दुनिया की ऐसी कोई ताक़त नहीं है जो हमें शानदार, जानदार और ज़बरदस्त क़िस्मत बनाने से रोक सके।

अच्छा मन, सकारात्मक विचार एवं कठोर परिश्रम हमेशा आपको सफल करेंगे। मन में कोई संशय न रखते हुए शुभ कार्य प्रारम्भ करें तथा कठोर परिश्रम करें। पूरा मन लगाकर काम को अंजाम दें, सफलता अवश्य प्राप्त होगी। कभी-कभी सफलता प्राप्त होने में समय लग सकता है। सफलता प्राप्त होने तक संयम और धीरज रखना ही सर्वश्रेष्ठ है। लक्ष्य स्पष्ट एवं मार्ग नेक हो, फिर कोई चिन्ता नहीं। हमेशा अपने आप पर भरोसा रखें और अपने आप को कोसना बन्द करें। अपनी कमियों को याद कर उसको बार-बार दोहराना, दुःख मनाना, अपने आप में हीन भावना पैदा करता है, आपको कमज़ोर बनाता है। कमियाँ किसमें नहीं होतीं, उनके साथ चलते हुए आगे बढ़ना है। हर एक इन्सान की एक प्रवृत्ति होती है, वह 10 या 20 प्रतिशत ही उसमें परिवर्तन कर सकता है।

कर्म प्रधान विश्व रचि राखा।
जो जस करहिं तस फल चाखा।।

यह जीवन का एक शाश्वत सिद्धान्त है। भाग्य के इस सिद्धान्त के अनुसार– जैसे कर्म करोगे, वैसा ही आपका भाग्य होगा और उसी प्रकार उसका फल मिलेगा। अतः सकारात्मक सोच के साथ अच्छे कर्म करते हुए, अपने व्यक्तित्व को निखारिए! कार्य को कर्तव्य समझकर करते रहिए।

यदि आप सफल होना और जीवन में अपनी सफलता को बराबर बनाए रखना चाहते हैं तो अपने सारे कार्यों को कर्तव्य समझकर समान भाव से करते रहें! उसे करने में न ज़्यादा दुखी हों और न ज़्यादा ख़ुश! काम बराबर करते रहें। बस यह ध्यान रखें कि कार्य करने का तरीक़ा दिन-ब-दिन बेहतर होना चाहिए। वस्तुतः काम का समापन हमेशा अच्छा हो! आदमी काम की अधिकता से नहीं वरन उसे भार समझकर करने से थकता है।

आपने रात-दिन काम किया, आपने सारी सुख-सुविधा, ऐशो-आराम छोड़े, कम्फर्ट ज़ोन से बाहर आये, आपने ज्ञान के ग्रन्थ पढ़े और नयी-नयी बातें सीखीं और धीरे-धीरे आगे बढ़ते गये। जब आप सफल हुए तो लोगों ने आपको बड़ा भाग्यशाली कहा। इस प्रकार प्रयास ही भाग्य का निर्माता है। प्रयास करना देवता की उपासना है,

जबकि भाग्य के भरोसे बैठे रहना दैत्य में विश्वास करना है। गीता में वर्णित 'कर्मण्येवाधिकारस्ते मा फलेषु कदाचन्' की उक्ति को अपना जीवन-दर्शन बनाइए!

यह परिश्रम और प्रयास ही आपको सफलता के शिखर पर पहुँचाता है।[1] अतः प्रयास अर्थात् अभ्यास[2] करने को अपनी आदत बनाइए। अभ्यास से साधारण बुद्धि-स्तर का व्यक्ति भी अच्छा ज्ञानी हो सकता है।

ज़िन्दगी का नाम आगे बढ़ना है। निरन्तर प्रयास करते रहना एवं ज़िन्दगी के हर पहलू को अच्छे से अच्छा बनाना और श्रेष्ठता की ओर ले जाने का नाम ही सफल जीवन है। जिस तरह पानी यदि निरन्तर बहता रहता है तो निर्मलता बनी रहती है। उसी प्रकार जीवन में भी आगे बढ़ते रहने से आपके व्यक्तित्व की सुगन्ध बनी रहती है। रुकने पर जिस तरह पानी में सड़ाँध पैदा होती है, उसी तरह जीवन में रुकने से उसमें सड़ाँध पैदा होने लग जाती है और वह पतन की ओर अग्रसर होता है। ठहराव मौत को बुलावा है, गति जीवन एवं जीवन्तता का नाम है। इसलिए किसी ने ठीक ही कहा कि अगर आप भाग सकते हैं तो भागो! यदि भाग नहीं सकते तो चलो! यदि चल नहीं सकते तो रेंगो, किन्तु आपको हर हाल में आगे बढ़ते रहना है!

भूतकाल में हुई असफलता पर विलाप करना समय व्यर्थ गँवाना है। ऐसी मूर्खता मत करो। कभी भी भविष्यवाणियों पर विश्वास मत करो! भविष्य अनिश्चितता, सम्भावना एवं असम्भावना से भरा हुआ है। कल किसने देखा? जो है, वह वर्तमान है। वर्तमान का पूरी क्षमता के साथ उपयोग करो। कभी हस्तरेखाओं के भरोसे मत रहो। हाथ हिलाने से काम होता है। काम का नाम ही परिश्रम है। परिश्रम हाथ की रेखाएँ बदल देता है। परिश्रम से ही भाग्य का निर्माण होता है। यह परिश्रम और सतत प्रयास ही सफलता की कुंजी है।

---

1. जीवन में आदर्श को पकड़ने के लिए सहस्त्र बार प्रयास करो और असफल हो जाओ तो भी एक बार प्रयास अनिवार्यतः और करो! –स्वामी विवेकानन्द।
2. करत-करत अभ्यास के जड़मति होत सुजान। रसरी आवत जात ते सिल पर परत निशान।। –वृन्द।

13
जीत और हार

एक प्रसिद्ध उक्ति है–मन के हारे हार है, मन के जीते जीत! सकारात्मक सोच वाला व्यक्ति जीतता है और नकारात्मक विचारों का व्यक्ति हारता है। अंग्रेज़ी के महाकवि मिल्टन ने कहा है–"जो शक्ति के बल पर विजय प्राप्त करता है, वह शत्रु को आधा जीतता है।" अत: सद्भावना से जीतना सीखो!

जीतने एवं हारने वाले व्यक्ति की मन:स्थिति में बहुत बड़ा अन्तर होता है और जीवनरूपी युद्ध में सफल होने के लिए व्यक्ति की मन:स्थिति की महत्त्वपूर्ण भूमिका होती है। जीतने वाला कहता है कि आओ पता लगायें–काम को करने की सम्भावना का एवं काम करने के सर्वोत्तम तरीक़े का! जबकि हारने वाला कहता है–यह बहुत मुश्किल काम है, इसे करना असम्भव है तथा इस काम को करने का तरीक़ा कोई नहीं जानता। इसमें एक का सकारात्मक सोच है और दूसरे का नकारात्मक सोच!

जीतने वाला यदि कोई ग़लती करता है तो वह कहता है कि यह मेरी ग़लती है। हारने वाला कहता है कि यह मेरी ग़लती नहीं है, वह तुरन्त ग़लती के लिए किसी और को ज़िम्मेदार ठहरा देता है। जबकि जीतने वाला कहता है–लो, मैं आपके लिए इस काम को कर देता हूँ। हारने वाला कहता है–यह मेरा काम नहीं है।

जीतने वाला समस्या की तह तक उतरता है और उस समस्या का हर हाल में हल ढूँढ़ने का प्रयास करता है। वह उस समस्या को समाप्त करके ही दम लेता है। जबकि हारने वाला हमेशा समस्या के इर्द-गिर्द घूमता है। वह आलसी होता है। वह इन्तज़ार करता है कि कोई उसके ज़िम्मे के काम के तह तक जाकर उसका समाधान कर दे। वह सीधा बना-बनाया हलवा चाहता है। वह सोचता है, "उसका काम कोई और व्यक्ति कर दे तो मैं अपना नाम लगा दूँ कि मैंने इसका समाधान किया है।"

जीतने वाला तन्मयता से काम करता है और कार्य के प्रति अपनी प्रतिबद्धता दिखाता है। हारने वाला सिर्फ़ वादे करता है। किन्तु जीतने वाला यह कहता है, "मैं अच्छा हूँ, पर उतना अच्छा नहीं जितना होना चाहिए! मैं अच्छा बनने का प्रयास

कर रहा हूँ।" जबकि हारने वाला कहता है, "मैं इतना बुरा नहीं हूँ, मुझसे बुरे और भी लोग इस संसार में हैं!"

जीतने वाले के पास हमेशा काम को शुरू करने एवं उसे पूरा करने का पूरा सुव्यवस्थित कार्यक्रम और जुनून होता है। वह उसका पूरा ख़ाका खींचकर चलता है और लक्ष्य तक पहुँचने के संकल्प के साथ प्रयत्नशील रहता है। हारने वाले के दिमाग़ में हमेशा काम के न करने के या न होने के या विलम्ब से होने के अनेक बने-बनाये बहाने तैयार रहते हैं।

जीतने वाला हमेशा यह कहता है कि इस काम को करने का और भी कोई अच्छा या कारगर तरीक़ा हो सकता है और वह नये तरीक़े खोजने का प्रयास करता है। जबकि हारने वाला यह कहता है कि इस काम को करने का यही तरीक़ा है, ऐसा ही होता आया है। वह नये तरीक़े खोजने का प्रयास ही नहीं करता है।

जीतने वाला हमेशा यह कहता है कि यह काम लगता मुश्किल है, पर जब करना शुरू करेंगे तो धीरे-धीरे सरल होता जायेगा , रास्ता खुलेगा और हम हर क़ीमत पर सफल हो जायेंगे। इसमें उसका आशावादी दृष्टिकोण रहता है। जबकि हारने वाला कहता है कि यह बड़ा मुश्किल काम है, आपके कहने पर शुरू किया, मुझे नहीं लगता कि हम इसमें सफल होंगे। इस प्रकार वह निराशा में जीता है। जीतने के लिए आवश्यकता है स्वयं पर विजय पाने की! वस्तुतः अपने पर विजय पाना सम्पूर्ण विश्व पर विजय पाने से अधिक महत्त्वपूर्ण है। हार-जीत का यह दर्शन ही सफलता का राजमार्ग है।

14
परेशानियों का आकलन

जीवन में जो चीज़ें अपने को परेशान कर रही हैं, जिसकी वजह से आपका चैन एवं नींद ग़ायब हो गयी है, जो आपको हर वक़्त बेचैन कर रही हैं, उनसे निजात पाने का सबसे अच्छा तरीक़ा है, उन परेशानियों को लिखिए! उसी क्रम में, जिस क्रम में वे आपको परेशान कर रही हैं। फिर उन पर सोचना शुरू कीजिए! आप पायेंगे कि कुछ परेशानियाँ ऐसी हैं, जिनका आप अभी कुछ नहीं कर सकते या उनका समाधान आपके बस में नहीं है; पर वह परेशानी है ज़रूर! आप उसे सहेजकर रख लीजिए! रोज़ परेशान होने से काम नहीं चलेगा। उसके समाधान का उचित अवसर आने दीजिए और उसके समाधान हेतु प्रयास कीजिए!

कुछ परेशानियाँ आर्थिक स्थिति से सम्बन्धित होती हैं। उन्हें एक़दम से हल नहीं किया जा सकता। उनका नियोजन आवश्यक है। वे दीर्घकाल में हल हो सकेंगी। फ़िलहाल उन्हें नियोजित कीजिए? इसके लिए आय तथा व्यय में सन्तुलन[1] करना आवश्यक है। क्योंकि आय से अधिक ख़र्च करने वाले तिरस्कार के पात्र बनते हैं और कष्ट भोगते हैं। अत: आय बढ़ाने के लिए कौशल में वृद्धि कीजिए! हिम्मत हारने की आवश्यकता नहीं है। कई सन्तों ने अपनी वाणी में कहा है–*'जेतै पाँव पसारिये, तेती लाम्बी सौर!* किन्तु कुछ अध्यवसायी व्यक्ति अपनी सौर लम्बी करने के रास्ते बना लेते हैं। वे सूझ-बूझ के धनी और परिश्रमी होते हैं।

कुछ परेशानियाँ ऐसी होती हैं, जब आप उनको लिखेंगे, वे उसी वक़्त स्वत: समाप्त हो जायेंगी; क्योंकि वे थीं ही नहीं! वे सिर्फ़ आपके सोचने का तरीक़ा बदलने मात्र से ख़त्म हो जायेंगी। कुछ ऐसी होंगी कि जिन पर आप प्राथमिकता से काम करेंगे तो एक-एक कर वे ख़त्म होती दिखेंगी। इससे आप स्वाभाविक रूप से हल्का महसूस करेंगे। ऐसा करने से आपकी कार्यक्षमता बढ़ेगी एवं आप में काम करने का उत्साह बढ़ जायेगा।

1.'Cut your coat according to cloth.' –An English proverb.

अपनी कोई भी कमी दूर करने के लिए पहले उस कमी पर ध्यान दीजिए, महसूस कीजिए कि वास्तव में यह कमी है या नहीं! यदि हो तो उसको दूर करने का पक्का इरादा कीजिए और उसे शीघ्रता से दूर कर लीजिए! फिर देखिए, उसका आनन्द। जब भी आपको असहजता हो, बेचैनी हो, घबराहट हो, उत्तेजना हो और मानसिक स्थिति असाधारण लगने लगे; ख़ाली काग़ज़ लो और उसे लिखने का प्रयास करो कि मुझे ऐसा क्यों हो रहा है? उत्तर अपने आप मिलेगा। जब परेशानी के कारण का पता लग जाये, उसका समाधान भी अपने आप मिलने लगेगा और मन शान्त हो जायेगा।

जब मन में किसी भी कारण से कुछ उलझन हो या मन दुखी हो; आपको जब भी समय मिले, तो जो अपने मन को प्रिय हो, वह कार्य करने लग जाइए! यदि सोना पसन्द है, सो जाइए! खाना पसन्द है, कोई अच्छी स्वादिष्ट डिश मँगवाइए एवं लुत्फ़ उठाते हुए खाइए! यदि गाना पसन्द है, गाना सुनिए या ख़ुद ही गाने लग जाइए! कुछ लिखने का शौक़ है तो लिखिए! यदि मूवी देख़ने जाने का मन है तो मूवी देखने जाइए! कुछ पढ़ने का शौक़ है तो पढ़िए! अगर कुछ नहीं है तो कुछ महापुरुषों की जीवनियाँ और उनके संस्मरण की पुस्तकें अपने कमरे में अध्ययन के लिए रखिए और इन्हें पढ़िए! इनके पढ़ने से आपको ताक़त मिलेगी।

अपने से अधिक प्रभुत्व वाले वर्ग का एक ग्रुप बनाइए, जिनसे आप सलाह ले सकें, अपनी परेशानी को साझा कर सकें तथा उसके लिए आपको उचित समाधान मिल सके। हमेशा अपने से ज़्यादा ज्ञान एवं दक्षता वाले लोगों के साथ बैठना सीखें, जिससे आपकी प्रगति का रास्ता खुल सके। हमारी सबसे बड़ी समस्या यह है कि हम दुनिया को वैसा नहीं देखते, जैसी वह है, बल्कि जैसे हम ख़ुद हैं, उसी नज़रिये से उसे देखते हैं। हमारे अन्दर एक बहुत बड़ी ताक़त है, जिसके बल पर हम किसी भी परिस्थिति की दोबारा संरचना कर, उसको बेहतर एवं सूझबूझ द्वारा अच्छे तरीक़े से हल कर सकते हैं। आपके द्वारा अपनी परिस्थितियों को अपराधी ठहराना, सिर्फ़ बहाना ढूँढ़ना और अपनी कमज़ोरी को छिपाना है। किसी भी परेशानी का साहस से मुक़ाबला कर उसका हल ढूँढ़ना आवश्यक है। ये परेशानियाँ ही हमारे भविष्य की मार्गदर्शक बनेंगी और हमें सफलता दिलवाएँगी।

नज़र का चश्मा तो शायद एक बार लगने के बाद उतर भी जाये, किन्तु ज़िन्दगी को देखने और समझने का चश्मा सामान्यतया एक बार लगने के बाद कभी नहीं उतरता है। हम हमेशा चीज़ें, रिश्ते और सम्बन्ध, उसी चश्मे से देखते हैं। वही हमारा पैटर्न या दृष्टिकोण रहता है। कहने को हम बड़े होते जा रहे हैं, पर चीज़ों को देखने

और परखने का दृष्टिकोण वही है, जैसे ठहरा हुआ पानी हो। वह न कोई ताज़गी देता है, न कोई ख़ुशबू! वह हमें अपने आन्तरिक परिवेश से भी बाहर नहीं आने देता है और हमारे विचारों में बासीपन एवं सड़ाँध पैदा करता है। हमें अपने परिवेश से बाहर आकर चीज़ों को समझना और देखना चाहिए! तब ही हम जीवन में कुछ नया एवं नूतन कर पायेंगे।

तनावमुक्त, आरामदायक, आनन्दपूर्ण जीवन या सुकून से जीवन जीना भी सफलता का आवश्यक मापदण्ड है। यह तो हम सभी जानते हैं कि यदि किसी काम में सफलता या कोई विशिष्ट वस्तु की उपलब्धि शान्ति भंग होने या उपद्रव की क़ीमत पर आती है तो वह व्यर्थ है। जिस प्रकार ख़ुशी का कोई मुकाम नहीं, वह महसूस करने की चीज़ है, जिसे किसी भी समय महसूस किया जा सकता है। यह कहना कि यह काम ख़त्म हो जायेगा या यह मंज़िल हासिल कर लेंगे तब ख़ुश होंगे। ऐसा कभी नहीं होगा! अतः तनावमुक्त रहना या सुकून से रहना भी काम के दौरान ही सीखना होगा। यह भी समझने और महसूस करने की चीज़ है। अतः सफलता के लिए अपनी परेशानियों का आकलन करना, समाधान के लिए आवश्यक संसाधन जुटाना और अनवरत प्रयास करना आवश्यक होता है।

15

सारा भार स्वयं मत उठाओ

संसार में व्यक्ति कभी-कभी यह सोचने लगता है कि उसके बिना संसार का काम नहीं चल सकता है और वह स्वयं को सर्वाधिक कुशल मानकर सारा दायित्व स्वयं पर ले लेता है। वह सारा भार अपने कन्धों पर उठा लेता है। यह अहंकार एवं आत्मश्लाघा का रूप है। ऐसा करने से साथ रहने वालों में हीन भावना का संचार होता है। इससे साथ रहने वालों में नैतिक दायित्व में कमी आने लगती है और कार्य-स्थल का वातावरण दूषित होने लगता है। स्वयं को सर्वोपरि मानना सबसे बड़ी भूल है। सहयोग देना और सहयोग लेना अवश्य सीखिए! यह जीवन में सफलता के लिए आवश्यक है। इससे आपके व्यक्तित्व में निखार आयेगा और आपको लोग सहयोग करने में स्वत: आगे आने लगेंगे।

भूलकर भी अपने मन में कभी यह भ्रम मत पालिए कि सारी ज़िम्मेदारी आपके कन्धों पर है। इससे आपके मन में अहंकार उत्पन्न होगा और आप अन्तर्मुखी हो जायेंगे। अत: इतनी ज़िम्मेदारी लेना भी ठीक नहीं है। इससे काम कम होगा और आपकी अपेक्षाएँ अधूरी रह जायेंगी। यही नहीं आपके और सहयोगियों के मन में अनावश्यक टेंशन रहेगा! इससे कार्यस्थल पर ईर्ष्या अंकुरित होने लगेगी, वातावरण दूषित हो जायेगा और हर व्यक्ति एक-दूसरे को शंका की दृष्टि से देखने लगेगा।

याद रखिए, जीवन में सफल होने के लिए दूसरों के व्यक्तित्व एवं कार्यकुशलता का आदर करना भी आपको आना चाहिए! इसके लिए आप सबसे पहले कार्य की प्राथमिकता तय कीजिए! उसके बाद उसका क्रम निर्धारित करते हुए आपके साथ रहने वालों में उचित पात्र को उसकी क्षमता के अनुसार कार्य का आवंटन कर दीजिए! प्रत्येक कार्य को व्यवस्थित करने का यही श्रेष्ठ तरीक़ा है। ऐसा करने से आप भी प्रसन्न रहेंगे और आपके सहयोगी भी प्रसन्न रहेंगे। सबके मन में कार्य के प्रति अच्छा सकारात्मक वातावरण बनेगा।

जीवन में सफलता प्राप्ति के लिए सभी कामों को एक साथ प्रारम्भ मत कीजिए! उसके बजाय एक-एक कर काम पूरा करने की आदत बनाइए![1] क्योंकि मंज़िल तक एक-एक क़दम चलकर ही पहुँचा जा सकता है।

कौन-सा कार्य कितना सरल या जटिल है, यह सरलता और जटिलता आपके विचारों से निकलती है। यदि आपने सोचा कि यह काम बहुत मुश्किल है तो वह मुश्किल हो जायेगा और आपने सोचा कि वह सरल है तो अवश्य ही वह सरल हो जायेगा! आप उसे आसानी से कर सकने की स्थिति में होंगे। अतः अपने विचारों को सकारात्मक दिशा दीजिए!

अपने काम को सुनियोजित बनाइए और उसमें कार्यकुशलता लाइए एवं उसे पूरा करने के लिए निष्ठा बरतिए! फिर देखिए, आपको आनन्द आने लगेगा। इसके लिए यह आवश्यक है कि कार्य करते हुए आप प्रसन्न मन से शान्तिपूर्वक कार्य कीजिए एवं आरामदायक स्थिति में अनुभव कीजिए! चैन से रहिए! न हड़बड़ी, न गफ़लत! काम में जल्दबाज़ी करना भी ठीक नहीं है। जो भी करें पूर्ण आत्मविश्वास के साथ करें! जो काम आज ही हो सकता है, उसे आज ही करें! उसे कल पर न टालें! काम को जितना टाला जायेगा, वह उतना मुश्किल होता चला जायेगा। कार्य को पात्रता के अनुसार बाँटिए, पूरा कीजिए।

हाँ, एक बात महत्त्वपूर्ण है–कार्य के प्रारम्भ में एवं अन्त में प्रभु से प्रार्थना अवश्य कीजिए! उनके आशीर्वाद से आप सफल होंगे और आपको आत्मिक शान्ति मिलेगी।

---

1. एकै साधै सब सधै, सब साधै सब जाय। (एक प्रसिद्ध लोकोक्ति)।

16
साहस और धैर्य

जीवन में सभी दिन एक सरीखे नहीं होते। हार-जीत और उत्थान-पतन के अवसर आते ही रहते हैं। कभी-कभी ऐसे पल भी आते हैं, जिनकी आपने कल्पना भी नहीं की होती है। ऐसे संकट के समय में साहस और धैर्य रखना आवश्यक होता है। मानव के सभी गुणों में साहस सबसे पहला गुण है, क्योंकि यह सभी गुणों का दायित्व स्वयं पर लेता है। इसके लिए हमें यह मानना होगा कि जिसने इस सृष्टि में अँधेरा बनाया है, वही हमारे जीवन में उजाला करेगा। हमारी क्या बिसात! हम तो संसार के रंगमंच[1] पर अभिनय करने वाले पात्र हैं। जैसा किरदार उसने हमें हमारे कर्मफल के रूप में दिया है, वही अभिनय हम कर रहे हैं। हम तो ईश्वर की मात्र कठपुतली हैं। वह हमें जैसे चाहेगा, नचायेगा। यह विचार बहुत साधारण लगता है, किन्तु मुश्किल समय में यह बहुत दिलासा देता है। यह मन हल्का करता है और आगे बढ़ने का रास्ता दिखाता है। बिना निराश हुए पराजय स्वीकार कर लेना, इस पृथ्वी पर सबसे बड़ी परीक्षा है। पराजय के सामने घुटने टेकने से काम नहीं चलता है। हमें चुनौती का सामना करना आना चाहिए।

सफल व्यक्तित्व के धनी वे व्यक्ति होते हैं, जो तकलीफ़ों, रुकावटों एवं विपरीत परिस्थितियों में अपना मार्ग बना लेते हैं। साहसी व्यक्ति यह नहीं सोचते कि जीवन के मार्ग में बाधाएँ कितनी हैं, अपितु यह सोचते हैं कि वे जीवन की यात्रा में कहाँ है?[2] असफलता, सफलता की पहली सीढ़ी है। अत: असफलता से घबराने का सवाल दिमाग़ में आना ही नहीं चाहिए। संकट के समय साहसी होना, आधी सफलता प्राप्त करना है। उसे साहसी नहीं कहा जा सकता जो पीड़ा या परेशानी को जीवन की सबसे बड़ी बुराई मानता है।

---

1. All the world is a stage. –The Seven Ages of Man. (Poem –by W. Shakespeare.)
2. It does not matter how much you have travelled but it is important that how far is your destination in the journey of life that you are to travel now! –Unanimous.

सच्चा साहस और सज्जनता एक ही सिक्के के दो पहलू हैं। सबसे बड़े वीर वे लोग माने जाते हैं जो सबसे अधिक क्षमाशील होते हैं। इसीलिये कहा गया है कि 'क्षमा वीरस्य भूषणम्!' अत: निडर बनिए! हर समय परिस्थितियों का वीर की भाँति डटकर मुक़ाबला कीजिए! यदि आप मृत्यु का सामना करना सीख गये तो आप जीना भी सीख जायेंगे और गन्तव्य तक अवश्य पहुँचेंगे। श्री सेठिया जी अपनी 'मिनख' कविता में कहते हैं कि साहसी व्यक्ति अपने लक्ष्य पर पहुँचने के लिए मृत्युरूपी गर्वीली स्त्री की आवाज़ को भी अनसुनी करके आगे बढ़ता है।[1]

अपने पेशे का सही अर्थ एवं महत्त्व समझिए! जो काम आप कर रहे हैं, उससे आप पैसा कमा रहे हैं और आपकी आजीविका चल रही है। यह बात ठीक है, किन्तु आपने जो भी काम किया, उससे आपको सन्तुष्टि मिली और दूसरे लोगों ने आपसे क्या मार्गदर्शन लिया? उनकी ज़िन्दगी सफल हुई या नहीं? यदि 'हाँ' तो जीवन की सार्थकता इसी में है।

इस दुनिया में वे ही लोग आगे बढ़ते हैं, जो समय के साथ चलते हैं। जो उन परिस्थितियों को ढूँढ़ते हैं, जिनकी उनको तलाश है, वे ही आगे बढ़ते हैं। यदि वे उसे नहीं ढूँढ़ पाते हैं तो वे उनका सृजन करते हैं। यह याद रखिए कि आप अपने आप को कैसा बनाना चाहते हैं? जैसा भी आप चाहते हैं, वैसा ही आप बना सकते हैं! यदि हैरान हैं, परेशान हैं, दुखी हैं, ग़ुस्से में हैं तो आप अपने आप की वजह से हैं। इसमें किसी दूसरे का दोष नहीं है। आपके वर्तमान की दुविधा आपसे ऐसा करवा रही है। जब भी आपके मन में विरोधाभास होगा, मन के अनुकूल कोई कार्य नहीं होगा। अपेक्षा के अनुसार परिणाम नहीं आयेंगे तो आपके मन में निराशा जन्म लेगी और उसका सीधा असर आपके व्यवहार पर पड़ेगा। इसलिए ज़रूरत है, अपने मन को नियन्त्रित कर व्यवहार करने की! चाहे जो परिस्थितियाँ हों, अपना नियन्त्रण न खोने की! मेरी समझ में यही बड़ी चुनौती है। जो इसे स्वीकार करता है और इस पर विजय पाता है, वही इन्सान सफल कहलाता है और सर्वप्रिय भी हो जाता है। अत: संयमित व्यवहार ही हमको आगे बढ़ायेगा। आपकी शक्ल-सूरत, पहनावा, खान-पान, पैसा सभी एक समय तक आपको आगे बढ़ा सकते हैं, किन्तु आपका लोगों के प्रति व्यवहार, उनको मदद करने का जज़्बा एवं हर परिस्थिति में अपना मानसिक सन्तुलन न खोना ही आपकी सफलता की कुंजी है।

दुनिया में सबसे मुश्किल काम है–औरों की बात शान्ति से सुनना और विपरीत

---

1. "म्हूँ रुकूँ उठै ही मँझलाँ है, म्हूँ खोज माँड दूँ व्है गेला।
म्हूँ सुण्याणसुण्या कर चालूँ नत मौत मिजाजण रा हेला।।" –श्री कन्हैयालाल सेठिया।

परिस्थिति में विनम्र होना। यदि कोई यह सीख जाये तो वह कभी असफल नहीं हो सकता। इसके लिए धैर्य धारण करना होता है। धैर्य कटु है किन्तु उसका फल मधुर है। यह जीवन के हर लक्ष्य का द्वार खोल देता है। क्योंकि धैर्य के पास ही सफलता के द्वार की कुंजी है। मनुष्य के लिए धैर्य उसकी प्रंशसा का गुण है, खीझ और निराशा उसका अवगुण!

फ़ोन पर घंटी बजने पर हर वक़्त फोन उठाना, कोई अच्छी बात नहीं है। फ़ोन आपकी सुविधा के लिए बना है, न कि दूसरों की सुविधा के लिये। यदि आप कोई ज़रूरी काम कर रहे हों तो विचलित न हों। उस काम को आराम से पूरा करें और आये हुए फ़ोन का तसल्ली से जवाब दें। यही सही तरीक़ा है। ऐसा न करने पर आपका मानसिक सन्तुलन बिगड़ सकता है।

दुनिया उसी की है जो साहस करता है और जोखिम उठाता है। जो मुसीबतों से घबराता नहीं, वह असफलता से नहीं डरता है। वह कठिनाइयों को चुनौती मानते हुए उन्हें अवसर में परिवर्तित कर देता है। ऐसे व्यक्ति के ही सफलता चरण चूमती है।

कई बार हम देश-समाज की समस्याओं, तक़लीफ़ों एवं दुखों को देखकर व्यथित होते हैं, किन्तु अपने आपको असहाय मानकर यह कह देते हैं, "मैं क्या कर सकता हूँ? मेरे करने से क्या होगा?" यह पलायनवादी सोच है। दुनिया न किसी एक व्यक्ति के भागने से बेहतर बनती है और न ही किसी एक व्यक्ति के कुछ अच्छा करने से अच्छी बनती है। मुसीबतें टूट पड़ें, हाल बेहाल हो जायें, तो भी जो लोग निश्चय से नहीं डिगते, वे ही सच्चे धैर्यशील होते हैं और उन सभी के कार्य से मानव हित होता है।

आज की जो मानव सभ्यता है, वह अतीत में जनमे मानव समुदाय द्वारा किये गये सद्कार्यों के सामूहिक सतत प्रयास का परिणाम है। इसलिए हमसे जो कुछ बन पड़े, थोड़ा कष्ट भी उठाना पड़े तो उठाते हुए, हमें इस मानव सभ्यता के विकास हेतु कुछ न कुछ करना चाहिए। बूँद बूँद से ही घड़ा भरता है। समाज को हमेशा ऐसे लोग ही प्रिय लगते हैं, जो लीक पर चलते हैं, जो जीवन के प्रति अपना कोई दृष्टिकोण विकसित नहीं करते और किसी तरह का अभिनव प्रयोग नहीं करते हैं। बस, जैसा परिवार में बड़ों ने कहा, वैसा करते रहे, बड़े हुए, शादी करवाई, बच्चे पाले और मर गये। उनका सामाजिक एवं राष्ट्रीय जीवन में कोई योगदान नहीं रहा। ऐसी ज़िन्दगी एक नीरस और मुरझाये हुए फूल की तरह उबाऊ एवं बासी ज़िन्दगी है। उसमें कोई ख़ुशबू नहीं आती है। आइए, उत्साहित होकर अपने जीवन को अपने अनुसार जीने का प्रयास कीजिए, कुछ अपना करिए, कुछ समाज एवं देशहित में

काम कीजिए, कुछ अपनी विशिष्ट सोच एवं समझ पैदा कीजिए! फिर देखिए, जीवन में आनन्द आयेगा और संसार में आपके होने का एक महत्त्वपूर्ण अर्थ होगा।[1] मनुष्य को इस तरह जीना शोभा देता है कि मरने के बाद भी उसे याद करें। ऐसा करने में आपके मार्ग में कुछ कठिनाइयाँ अवश्य आयेंगी, पर उनसे मुक़ाबला करने से आपका बौद्धिक एवं मानसिक विकास होगा। मानव सभ्यता आपके श्रम की सुगन्ध से सुवासित होगी और ज़माना आपको याद करेगा।

'लोग क्या कहेंगे?' नाम का डर हमारे समाज में हर व्यक्ति की चेतना में गहरा बैठा हुआ है। कुछ हद तक यह हमारे समाज में व्यक्ति को नीति विरुद्ध कार्य करने से रोकता है और यह ठीक भी है। किन्तु यह भाव जब व्यक्ति को हर तरह के साहसिक, रचनात्मक एवं प्रयोगधर्मी नये कार्य करने से रोकता है तथा उसे बने बनाये रास्ते पर या लीक पर चलने के लिए प्रेरित करता है, तब यह गड़बड़ करता है। अत: व्यक्ति को अधर्म, पाप एवं नीति विरुद्ध काम करने के भाव मन में आने लगें, तो उस समय यह बात ध्यान रखनी चाहिए कि 'लोग क्या कहेंगे?' किन्तु साहसिक, प्रयोगधर्मी, रचनात्मक, नवाचार एवं अन्वेषण सम्बन्धी कार्यों को करते समय 'लोग क्या कहेंगे?' के सामाजिक बन्धन को ख़ुशी-ख़ुशी तोड़ना चाहिए! ऐसा नवाचार ही सभ्यता और संस्कृति के विकास का मूल है।

सामाजिक जीवन के पारस्परिक व्यवहार में असहमति का होना स्वाभाविक क्रिया है। इसको लेकर बात-बात पर तुनकना, ख़ुद को न सँभाल पाना अच्छी बात नहीं है। इसे जीवन का अभिन्न हिस्सा समझकर चलना चाहिए! किसी बात पर किसी के द्वारा असहमति प्रकट करने पर सामने वाले की परिस्थिति पर ठण्डे दिमाग़ से सोचिए! उसकी मन:स्थिति, दृष्टिकोण एवं भावना को समझने की कोशिश कीजिए! इसके साथ ही अपनी ग़लती को समझने की कोशिश करना भी आवश्यक है। फिर भी यदि आप मानते हैं कि आपका मत ही ठीक है, आप अपने मत पर दृढ़ रहिए, किन्तु अनावश्यक विवाद को टाल दीजिए!

तनाव किसी समस्या का समाधान नहीं है। आज सबसे बड़ी समस्या तनाव (टेंशन) की है! हर व्यक्ति तनाव से ख़तरनाक रूप से ग्रसित है। हम जब से समझने लगते हैं, ज़िन्दगी के अन्तिम पड़ाव तक तनाव से जूझते रहते हैं। यह समस्या इसलिए आती है कि आज हमारे पास धन है, पर धैर्य नहीं है। हमने 'माइंड सेट' ही ऐसा कर रखा है कि हम सब कुछ तुरन्त ही पाना चाहते हैं। यही सबसे बड़ा

---

1. तुम जियो तो यों जियो कि याद जो करें सभी।
   तुम मरो तो यों मरो कि याद जो करें सभी।। –श्री मैथिलीशरण गुप्त।

कारण है, टेंशन का! कुछ स्टूडेंट्स क़सम खा लेते हैं कि जब एग्ज़ाम में पास हो जाऊँगा, तभी ख़ुश होऊँगा। आपकी इच्छा पूरी नहीं हो रही है तो आप टेंशन में आ जाते हैं! परीक्षा है तो टेंशन, क्लास टैस्ट है तो टेंशन, पढ़ाई नहीं हो रही है तो टेंशन, दोस्त आगे बढ़ गया तो टेंशन, परीक्षा में फ़ेल हो गया तो टेंशन, पड़ोसी गाड़ी ले आये तो टेंशन, यानी पग-पग पर हर वक़्त टेंशन! आप अगर टेंशन का रवैया रखोगे तो यह टेंशन आपको नीरस और अजीब-सा इन्सान बना देगा। आपकी यह आदत अवचेतन मन के प्रोग्राम में फिट हो जायेगी। आपको सपने में भी टेंशन ही दिखाई देगा। धीरे-धीरे आप ख़ुश रहना भूलने लग जाओगे और उदासी आपके जीवन का हिस्सा हो जायेगी।

दोस्तो! धैर्य सब ख़ुशियों का मूल आधार है।[1] टेंशन लेना और उदास रहना आपकी 'ज़िन्दगी' और 'एग्ज़ाम' दोनों की दृष्टि से ठीक नहीं है। टेंशन होना एक स्वाभाविक बात है। यह सभी को होता है, किन्तु टेंशन को ख़ुद से चिपकाये रखना और आमन्त्रित करना अच्छी बात नहीं है। जब भी टेंशन हो, तो इस लाइन को दस बार बोल देना। मैं वादा करता हूँ–10 सेकंड में आपका टेंशन दूर हो जायेगा। अगर आप इसे आदत में ले आयें तो ज़िन्दगी में कभी टेंशन होगा ही नहीं! यह लाइन है "टेंशन किसी समस्या का समाधान नहीं है, मैं टेंशन नहीं करूँगा।"

मुश्किलें सब पर आती हैं, कोई तो बिखर जाता है।
डटकर करें यदि सामना, व्यक्तित्व निखर जाता है।

वस्तुतः जीवन के प्रति हमारा नज़रिया सहिष्णुता, सहयोग, सहकार, प्रेम, आत्मीयता, करुणा और सबके सम्मान को धैर्य से आत्मसात करने वाला होना अपेक्षित है। इसके लिए यदि हम जाति-पाँति, ऊँच-नीच, कनिष्ठ-वरिष्ठ, छोटे-बड़े के तथाकथित आडम्बरों से मुक्ति के प्रयास से जीवन को जीने की असली कला सीखने की ओर प्रवृत्त हो सकेंगे।

---

1. कबिरा धीरज के धरै, हाथी मन भर खाय। टूक एक के कारणै, श्वान घरै-घर जाय!!
–महात्मा कबीर।

17
सहनशीलता का सुख

जीवन में यदि आगे बढ़ना चाहते हैं तो आप अपने विचार और व्यवहार में सहनशीलता अपनाइए! यह ज़माने का तकाज़ा है। आप जितना सहनशील हो सकें, हो जाइए! सहनशील व्यक्ति को कभी नुक़सान नहीं उठाना पड़ता है। सहनशील होने का अद्भुत आनन्द है। इसके लिए त्याग आवश्यक है। त्याग में देने की भावना होती है।

किसी ने कटु वचन कहे तो सह लिया। किसी ने यथोचित सम्मान न दिया तो सह लिया और कभी आपके मनोनुकूल कोई कार्य न हुआ तो सह लिया! बस इसी का नाम तो सहनशीलता है। यह भावना हिलमिल रहने को बढ़ावा देती है। अत: अपनी रोटी मिल-बाँटकर खाओ! ताकि तुम्हारे सभी भाई सुखी रह सकें और भूखे न रहें!

सहनशीलता, समर्पण और मौन आपकी उपयोगिता एवं मूल्य दोनों को बढ़ावा देते हैं। दूध, दही, छाछ, मक्खन और घी एक ही वस्तु के परिवर्तित रूप होने के बावजूद भी इन सबका मूल्य एवं गुणधर्म अलग-अलग ही होता है। क्योंकि उनमें परिश्रम जुड़कर उनकी उपयोगिता में वृद्धि करता है। इस उपयोगिता में वृद्धि का नाम ही श्रेष्ठता है। यह श्रेष्ठता जन्म से नहीं, अपितु अपने कर्म, व्यवहार और गुणों से अर्जित होती है। घी तपता है और अग्नि के ताप को मौन होकर सहता है। यह उसका समर्पण है। जिस तरह एक जौहरी किसी मूल्यवान आभूषण के निर्माण से पहले स्वर्ण को टुकड़े-टुकड़े करता है, अग्नि में तपाता है और पीटता है, मगर स्वर्ण इतने आघातों को सहने के बावजूद कभी विरोध नहीं करता, अपितु जौहरी की ही रज़ा में राज़ी रहता है। वह चुपचाप आघात एवं ताप को सहता है। यही समर्पण है। सोना[1] तपने पर ही शुद्ध होता है। इसलिए वह उपयोगी और मूल्यवान बन पाता है। यह सहनशीलता और तपन ही उसकी परीक्षा भी है।

---

1. भट्ठी चढ़ सोनो भयौ, तप-तप करके लाल।
काँप उठ्यौ, पानी भयौ, देख परीक्षा काल।।

यदि आपके स्वभाव में चिड़चिड़ापन है तो उसे ख़त्म करें। सहनशीलता और चिड़चिड़ापन दोनों विपरीत ध्रुव हैं। किसी भी परिस्थिति में चिड़चिड़ेपन को व्यक्त न होने दें। चिड़चिड़ापन तब होता है, जब चीज़ें अपने अनुकूल नहीं हो रही हों और उस समय आप अपनी प्रतिक्रिया व्यक्त करते हैं। किन्तु अब समय यह आ गया है कि उसको भी व्यक्त करने का आपको अधिकार नहीं है। आज के युग में व्यक्तियों के विचारों में अहं जाग्रत होने लगा है। अतः ख़ामोश रहिए! यदि किसी को कुछ कहना भी है तो शान्ति से कहिए या चुपचाप सहन कीजिए! यदि अन्य व्यक्ति का कोई विचार आपको अच्छा न लग रहा हो, अपने वश में हो तो आपकी विरोधी भावना को तत्काल रोक दीजिए! इससे आप तनाव मुक्त रहेंगे। आपको जो विचार अच्छा नहीं लग रहा है, उस पर तत्काल कोई टिप्पणी करना या कोई सुझाव देना अच्छी बात नहीं है।

वैसे तो क्रोध कभी अच्छा नहीं होता, पर जब वह धर्म एवं मर्यादा को बचाने के लिए किया जाता है, अच्छा माना जाता है। इसी प्रकार सहनशीलता हमेशा अच्छी होती है, पर जब वह धर्म एवं मर्यादा को नहीं बचा पाती है, सहनशीलता बुरी बन जाती है।

सहनशीलता और सन्तोष, दो अलग आयाम हैं। हम कई अनावश्यक कार्य कर सन्तुष्ट होते है। यह सहनशीलता नहीं, दिखावा है। आजकल ज़माना 'सेल्फी' का हो गया है। सारी दुनिया बाहरी दिखावे के पीछे भाग रही है। हम सबसे पहले अपने आप को अच्छा दिखाने का प्रयास करते हैं। उसके बाद जो भी चीज़ हमें अपनी आँखों को अच्छी लगती है, उसके साथ अपना फ़ोटो खिंचवाना पसन्द करते हैं। हमें कोई प्रभावशाली व्यक्ति मिल जाये, उसके साथ फ़ोटो खिंचवाना पसन्द करते हैं। सारा ध्यान बाहर पर ज़्यादा है। कोई भी आन्तरिक ज्ञान, प्रतिभा विकास, सत्संग आदि की चिन्ता नहीं करता है। हम अपने मन और बुद्धि से प्रतिभा, दक्षता, एकाग्रता, व्यवहार कुशलता, वाक्पटुता, आपसी समझ, सद्भावना के विकास के साथ क्या क्रोध नियन्त्रण पर ध्यान दे रहे हैं? यदि 'नहीं' तो हम बहुत ग़लत कर रहे हैं; और यदि 'हाँ' तो यह बहुत अच्छा है। क्योंकि उपरोक्त गुण ही आपके व्यक्तित्व को सुन्दर बनायेंगे, यह बाहरी दिखावा नहीं है!

हम प्रत्येक कार्य को अपनी सुविधा के तराजू में तोलते हैं और यथार्थ को नकारते हैं। इसमें हमारी दृष्टि अर्थात् सोचने के तौर-तरीक़े का दोष है। इस दृष्टि को बदलने की आवश्यकता है। क्योंकि यह दृष्टि ही हमारे दृष्टिकोण को दूषित करती है। वस्तुतः दृष्टिदोष दो प्रकार के होते हैं। एक जिसमें दूर की चीज़ें ठीक दिखाई

देती हैं, पर पास की चीज़ ठीक नहीं दिखाई देती हैं। दूसरा दोष होता है, जिसमें पास की चीज़ ठीक दिखाई देती हैं, पर दूर की चीज़ ठीक नहीं दिखाई देती हैं। ठीक इसी प्रकार हम अपने भविष्य को भी ठीक नहीं देख पा रहे हैं और न उसके सम्बन्ध में उचित लक्ष्य का निर्धारण कर पा रहे हैं। हमारे इस दृष्टिदोष को दूर करने के लिए हमें उचित चश्मा लगाना होता है।

यही बात आपसी सम्बन्धों में भी खरी उतरती है। कुछ लोगों को अपने पास के लोगों का प्यार, समर्पण, सेवा एवं सहयोग नहीं दिखाई देता। उनकी छोटी-छोटी बातों को गाँठ बाँधकर मतभेदों को मन-भेद में बदलकर आपसी सम्बन्धों में दुराव पैदा कर लेते हैं और दूर के रिश्तों का गुणगान करना शुरू कर देते हैं, जो महज़ एक कल्पना मात्र या क्षणिक सुख होता है। उस क्षणिक सुख के लिए रोज़ के अविरल प्यार, सहयोग, सेवा एवं समर्पण करने वाले निकट के लोगों से बिना बात छोटी-छोटी बातों पर लड़कर मन-मस्तिष्क पर अनावश्यक बोझ डाल देते हैं। यह अच्छा नहीं है। सहनशील बनकर अच्छाई तलाशने का आनन्द अलग ही है।

'यह भी गुज़र जायेगा' वाक्यांश भी सहनशीलता का एक आयाम है। इसे हम ब्रह्म वाक्य मानते हैं। इसे जीवन में उतारना बहुत ही आवश्यक है। वक़्त अच्छा हो या बुरा, सब गुज़र जाता है। उसकी केवल यादें शेष रह जाती हैं। हमारे हर कार्य को यथार्थ के धरातल पर खड़े होकर सोचने की आवश्यकता है। अत: आपसी प्रेम, स्नेह, एक-दूसरे को समझकर उनकी परिस्थिति एवं परिवेश में अपने आपको ढालकर विचार और व्यवहार करना चाहिए! हर समय धन[1] हो या विद्या[2] , हमारे मन में देने का भाव होना चाहिए। हमारे भीतर संयम, अपने ऊपर भरोसा एवं अपनी उपलब्धियों पर गहरा सन्तोष ही, हमें जीवन में सुख देता है। इसके लिए हमें 'थोड़ा है और थोड़े की ही ज़रूरत है, बाक़ी सब बेकार!' के सिद्धान्त पर चलना सीखना होगा।

इस प्रकार सहनशीलता मनुष्य के विचारों में गम्भीरता लाती है। यह हमें हर परिस्थिति में पक्ष और विपक्ष में गम्भीरतापूर्वक विचार करने की क्षमता प्रदान करती है। अत: प्रत्येक व्यक्ति के लिए आवश्यक है कि वह अपनी कार्यक्षमता, बुद्धि, संसाधन, परिस्थिति आदि की सम्भावनाओं को ध्यान में रखकर गम्भीरतापूर्वक विचार करे, लक्ष्य निर्धारित करे और प्रयास के द्वारा जीवन में सफलता के पथ पर अग्रसर हो।

---

1. ऋतु बसन्त जाचक भया, हरसि दिया द्रुम पात।
तातै नव-पल्लव भया, दिया दूर नहीं जात। –महात्मा कबीर
2. सरस्वती के भण्डार की बड़ी अपूरव बात।
ज्यों खरचै त्यों-त्यों बढ़ै, बिन खरचै घटि जात। –वृन्द

18
ईमानदारी

आपसी सम्बन्धों में ईमानदारी बरतना आवश्यक है। कोई छल-कपट, बदले की भावना, आपसी सम्बन्धों में नहीं रखना चाहिए! अगर आपसी सम्बन्धों में छल-कपट या बदले की भावना रहती है तो यह समझना चाहिए कि वह आपसी सम्बन्ध की श्रेणी में नहीं आता है और उससे दूरी बनाना ही अच्छा है।

आप जहाँ भी काम कर रहे हैं, अपना काम पूर्ण ईमानदारी, पूरी श्रद्धा एवं मनोयोग से कीजिए! इस कार्य में, जितनी हो सके, श्रेष्ठता (गुणवत्ता) लाने का प्रयास कीजिए! किसी भी काम को करने का यही सर्वोत्तम तरीक़ा है। फिर जो भी परिणाम आयें, उन्हें ईश्वर का प्रसाद समझकर स्वीकार करें। कोई दुःख नहीं, कोई निराशा नहीं, कोई पछतावा नहीं! उस कार्य से तत्काल कोई लाभ मिल जाये, यह भी सम्भव नहीं है, किन्तु उस ईमानदारी का लाभ लम्बे समय में अवश्य मिलेगा! मन में उसके परिणामों के प्रति पूर्ण आस्था एवं श्रद्धा रखिए और ईश्वर पर विश्वास रखिए!

जीवन का उद्देश्य बना लो–*'अपना हर काम समय पर करना!'* छोटे-बड़े सभी से मधुर वाणी में सम्मानपूर्वक बात करना, समय बर्बाद न करना, आलस्य न करना, दूसरों की सहायता करना, समय पर जगना और जो भी काम आप करते हों, उसको पूरी ईमानदारी से निर्धारित समय-सीमा में पूरा करना! अगर आप ऐसा ठान लोगे और करने लग जाओगे तो यह आपकी आदत में आ जायेगा। यह आदत आपके व्यक्तित्व में नया निखार लायेगी। ऐसा करने से आप एक शानदार-बेहतर इन्सान बन जाओगे। अपने घर-परिवार, रिश्तेदार, मित्र और समाज के लोग आपकी प्रशंसा करने लगेंगे।

19
मित्रता के आयाम

मित्रता एक मनभावन शब्द है। इसमें मन मिले होते हैं। इसमें व्यक्तिगत स्वार्थ का भाव शून्य होता है। ईमानदारी और निष्ठा मित्रता की आधारशिला है। मित्रता में जब ये भाव समाप्त हो जाते हैं, मित्रता टूट जाती है।[1] जहाँ अन्त:करण एक न हों, वहाँ मैत्री विस्फोटक पदार्थों के मिश्रण जैसी होती है, जो एकत्र होते ही भयंकर धमाके के साथ फट जाते हैं। मैत्री परिस्थितियों का विचार नहीं करती है। यदि परिस्थितियों का विचार बना रहता है तो समझ लो वह मित्रता नहीं है। मित्रता तो उजाले की भाँति होती है जो दु:ख भरी रात के अँधेरे में साफ़-साफ़ चमकती है।

इस संसार में कम से कम मित्र बनाना अच्छा है। किसी को मित्र बनाने में धैर्य से काम लें, किन्तु बनाने के बाद मित्रता को दृढ़ होकर स्थायी बनाने का प्रयास करो। जिनको आप मित्र बनाते हैं, उनमें परस्पर पूरी तरह हर परिस्थिति में मित्रता निभाना आना चाहिए! मित्रता में किसी से कोई अपेक्षा न करना ज़्यादा अच्छा है। यदि किसी अपेक्षा से मित्रता की जाती है तो वह मित्रता नहीं सौदा है। मित्रता वही स्थायी होती है, जो निरपेक्ष भाव से की जाये! इसमें अपने से जितना हो सके, उतना मित्रों के लिए सहयोग करना चाहिए!

मुसीबत में कौन लोग आपके साथ हैं, उसी से आपको पता लग जायेगा कि कौन आपके सच्चे मित्र हैं और कौन दिखावटी मित्र हैं। क्योंकि यह संसार बहुत पेचीदा है। इसे समझ पाना बहुत कठिन है। अधिक सहज होना भी कभी-कभी हानि पहुँचा सकता है। अत: सावधान[2] रहने की आवश्यकता है।

---

1. मित्रता–दो व्यक्तियों में मित्रता तब तक ही निभती है, जब तक कि एक व्यक्ति अपने मित्र की वस्तु को अपनी नहीं समझते हैं। –एक लोकोक्ति।
2. इस दुनिया में साज बहुत हैं। लोगों के मन में राज़ बहुत हैं।
   ज़रा बाहर तो आकर देखो –चिड़ियाएँ कम, बाज बहुत हैं।। –अज्ञात।

अपने मन की और सुख-दुःख की बात दूसरों के साथ बहुत सोच-समझकर साझा करना चाहिए! हर किसी से अपने मन की बात साझा करना उचित नहीं है। अपनी समस्याओं का समाधान[1] अपने को ही करना होगा, यह पक्की बात है। कोई आपका सहयोग करने के लिए नहीं आयेगा। संसार में अपना-अपना युद्ध स्वयं को लड़ना पड़ता है। आप किसी भी परिस्थिति में अपनी बात दूसरों पर थोपने का प्रयास न करें। आप अपना सुझाव अवश्य दीजिए! कोई माने तो अच्छा और न माने तो कोई अफ़सोस नहीं, कोई नाराज़गी भी नहीं!

अधिक से अधिक लोगों से मिलना अच्छा है, किन्तु अपनी भावना पर नियन्त्रण रखना उससे अधिक अच्छा है। मिलनसार होना, एक अच्छी बात है, किन्तु सबको सहयोग करना और जितना अपने से हो सके, उतना सहयोग करना और काम आना दूसरी बात है; परन्तु मित्रवत हो जाना तीसरी बात है। मित्रवत होना चाहिए या नहीं होना चाहिए, यह सोचने हेतु बहुत ही महत्त्वपूर्ण बिन्दु है। अच्छा, नेक, सबके काम आने वाला, हर समय सबकी मदद करने वाला और मृदुभाषी इस संसार में होने में कोई आपत्ति नहीं है, किन्तु मित्र बहुत ही सोच-विचारकर बनाना आवश्यक है।

जीवन में जो लोग आपके बहुत क़रीब हैं, आपके दुःख-सुख में साथी हैं और आपके भले-बुरे में आपके साथ हैं, हमें हमेशा उनका ध्यान रखना चाहिए! उनको ही सब कार्यों में प्राथमिकता दी जानी चाहिए! उनके लिए काम आने या सहयोग करने में कोई भी हिचक नहीं होनी चाहिए! मित्रता में किसी को इतना मत चाहो कि उसकी चाहत आपकी कमज़ोरी बन जाये! किसी को चाहना है तो इतना ही चाहो कि आपकी चाहत उसकी ज़रूरत बनी रहे!

अच्छे मित्रों एवं पति-पत्नी के बीच सम्बन्ध ऐसे होने चाहिए कि जब किसी बिन्दु पर मतभेद हो और एक गरम हो तो दूसरे को नरम हो जाना आवश्यक होता है। यदि आवेश की स्थिति बने तो उस परिस्थिति में विवाद को टाल दें! कालान्तर में क्षणिक आवेश शान्त होकर समरसता स्थापित कर देता है! यह मित्रता को दीर्घकालीन बनाये रखने की सर्वश्रेष्ठ कसौटी है।

आँसू और आँसू में बड़ा फ़र्क़ होता है। जब कोई आँसू बहाता है, आपकी वजह से; तो यह बहुत बुरी बात है! यदि किसी की आँखों में आँसू आ जाते हैं- आपके लिए या आपको याद करके; तो यह सबसे अच्छी बात है। यह सौजन्य एवं सामाजिक समरसता एवं हर्षातिरेक का प्रतीक है।

हम बहुधा दोस्त एवं शुभचिन्तक को एक ही मानते हैं। जबकि दोनों का मिज़ाज एकदम अलग है। शुभचिन्तक केवल शुभ में हमारा चिन्तक है, किन्तु दोस्त

1. रहिमन निज मन की बिथा, मन ही राखौ गोय! सुनि हँसि लोग लहैं, बाँटि लहै ना कोय!

मौसम से परे है, वह सदाबहार है। वह सुख एवं दु:ख दोनों में आपके हिसाब से मदद करने के लिए आये, यह ज़रूरी नहीं है। किन्तु यदि वह सच्चा मित्र है तो मदद करने अवश्य आयेगा, किन्तु शुभचिन्तक विपरीत समय में आपकी मदद के लिए आ ही जाये यह आवश्यक नहीं है।

मित्रता का मतलब यह तो नहीं कि आपकी हर बात मानी ही जाये और यह भी नहीं कि आपकी हर बात सही हो या ग़लत, उसका विरोध कर, अपनी बात ही मनवायी जाये! हमें आपसी रिश्तों में आपसी असहमति, तर्कपूर्ण विश्लेषण, उचित निर्णय, परिस्थितियों का आकलन करने एवं एक-दूसरे के दृष्टिकोण को समझने का माद्दा होना चाहिए। जिन रिश्तों में इन बातों की गुंजाइश हो, वे लम्बे समय तक चलते हैं। वरना ज़रूरत से ज़्यादा एक-दूसरे को ख़ुश रखने की चिन्ता तथा एक-दूसरे को कोई बात बुरी न लग जाये, इसका दबाव विकर्षण का कारण बन जाता है। रिश्ते ऊपर से बहुत मधुर एवं सौम्य दिखते हैं, पर अन्दर से खोखले हो जाते हैं। अत: अपने मित्र की हर बात काटना और उस पर अपनी बात थोपना रिश्तों को स्थायी नहीं बनने देता है। अत: सावधान रहें!

जितनी सावधानी किसी से मित्रता करने में बरतनी चाहिए, उससे ज़्यादा उसको निभाने में बरतनी आवश्यक है। आपसी विश्वास, आत्मीयता, एक-दूसरे के काम आने का जज़्बा (बिना स्वार्थ के) एवं बराबरी का भाव इसमें बहुत काम आते हैं। अपने मित्रों के साथ खुला एवं बड़ा दिल रखना चाहिए।

हमारे पुराणों में मित्रता के कई अनुकरणीय उदाहरण उपलब्ध हैं। कृष्ण और सुदामा की मित्रता तो जगत प्रसिद्ध है। अर्जुन और कृष्ण की मित्रता ने महाभारत के युद्ध को जीतने में महत्त्वपूर्ण भूमिका निभायी। ऐसे पुराणों में और भी कई उदाहरण मिल जायेंगे। इतिहास में भी ऐसे कई उदाहरण हैं, जिनमें अपने शरणागत की रक्षा और उनके हित के लिए कई शासकों ने युद्ध मोल लिए हैं।

मित्रता एक पावन और स्वार्थ-भावना से परे सम्बन्ध पर आधारित है। इसमें त्याग एवं समर्पण की महत्त्वपूर्ण भूमिका होती है। अपने आप को अच्छा मित्र सिद्ध कीजिए। आपको जीवन में स्वत: अच्छे मित्र मिल जायेंगे।

20
उत्साह एवं आत्मविश्वास

उत्साह मानव की मननशीलता का पैमाना है। उत्साही व्यक्ति के लिए संसार में कुछ भी दुर्लभ नहीं! उत्साह से ही आत्मविश्वास में वृद्धि होती है और आत्मविश्वास के बिना सफलता असम्भव होती है। उत्साह बनाये रखिए! संसार में खोने की सबसे बड़ी वस्तु है, अपना उत्साह! यदि किसी ने अपना उत्साह खो दिया तो मान लो कि उसने सब कुछ खो दिया। यदि उसने अपना उत्साह बचा लिया और सब कुछ खो दिया तो वह उत्साह के बल पर सब कुछ पुन: प्राप्त कर लेगा। अत: उत्साह को बचाये रखें कभी निराश न हों, आप अवश्य सफल होंगे।

उत्साहहीन व्यक्ति भय के मारे कोई काम प्रारम्भ ही नहीं कर पाते हैं। कायर व्यक्ति काम प्रारम्भ करते हैं, किन्तु मुश्किलों के आने पर उसे बीच में ही रोक देते हैं। जबकि बहादुर व्यक्ति काम प्रारम्भ करते हैं, बीच में आयी बाधाओं को एक-एक कर दूर करते जाते हैं और अपने लक्ष्य को प्राप्त करके ही विश्राम करते हैं।

लक्ष्य का जन्म आकांक्षा के विचार से उत्पन्न होता है। आकांक्षा ही मनुष्य में उत्साह की जननी है। यह निष्क्रिय व्यक्ति को सक्रिय कर उसमें उत्साह जाग्रत कर देती है। यह जाग्रत उत्साह ही मनुष्य की संजीवनी है! इसके अभाव में जीवन की गतिशीलता समाप्त हो जायेगी। अत: यह आवश्यक है कि हम अपनी आकांक्षाओं का मूल्यांकन करें, उन्हें समझें और यथार्थ की कसौटी पर कसें! यदि हमें लगे कि थोड़ा सा अधिक प्रयास करने पर हमारी आकांक्षा पूरी की जा सकती है तो आगे बढ़ें।

आकांक्षा पूरी करने के लिए आप अपने आप पर भरोसा रखें! जो अपने ऊपर भरोसा रखता है, सारी दुनिया उस पर भरोसा करती है। यह भरोसा ही आपको उत्साही बनाता है। अत: उत्साही बने रहने के लिए पूरे दिन में कुछ समय अपने व्यक्तिगत क्रियाकलापों हेतु चिन्तन के लिए सुरक्षित रखना चाहिए, जिसमें हम सिर्फ़ अपने लिए सोच सकें और अपनी आन्तरिक शक्तियों को एकत्रित कर उनमें दृढ़ता

ला सकें। जीवन में सफलता के लिए स्वमूल्यांकन आवश्यक है। इसमें कोई स्वार्थ नहीं है। यह भावना जीवन में व्यक्तिगत आदर्शों की स्थापना करती है, उन पर चलने के लिए प्रेरणा देती है। इससे वे सदैव सक्रिय एवं कर्मशील बने रहते हैं। वे ही लोग बूढ़े होते हैं जो अपने आदर्शों को छोड़ देते हैं, अपने प्रयास कमज़ोर कर देते हैं और अपना आत्मविश्वास खो देते हैं। अत: अपने आदर्श, आत्मविश्वास एवं प्रयास ज़िन्दा रखिए! आप कभी बूढ़े नहीं होंगे।

आत्मविश्वास सफलता का सूत्रधार है। अगर आपको किसी भी काम में सफलता हासिल करनी है तो आपके अन्दर उस कार्य को सिद्ध करने का आत्मविश्वास होना बहुत आवश्यक है। स्वयं को पसन्द करना एवं ख़ुद पर विश्वास करना आत्मविश्वास की नींव है। इस दुनिया में आपको अपने आप से ज़्यादा कोई नहीं जानता। आपका अन्दर का विश्वास ही आपको सफलता की ओर ले जायेगा। आत्मविश्वास हमें निडर बनाता है और जोखिम लेने की ओर अग्रसर करता है। डर एवं शंका आत्मविश्वास का सबसे बड़ा शत्रु है, पर यह भी ध्यान रहना चाहिए कि हममें आत्मविश्वास होना चाहिए। इसके बजाय यदि अति आत्मविश्वास (Overconfidence) आप में आ गया तो वह दुखदायी होगा। अत: आत्मविश्वास बनाये रखिए! अति आत्मविश्वास नहीं!

इस दृष्टि से प्रत्येक व्यक्ति के लिए आवश्यक है कि हम अपना आत्मविश्लेषण करें! आप कभी यह ग़लतफ़हमी मत पालिए कि आपके बग़ैर कोई काम नहीं होगा! इस संसार में कोई भी काम कभी नहीं रुकता है। बड़े-बड़े लोग आये और चले गये। जब वे थे, यह लगता था कि उनके बग़ैर यह काम कैसे होगा? किन्तु उनके जाने के बाद, यह पता चला कि कुछ काम तो उनके जाने के बाद और अच्छे ही हुए हैं। यहाँ केवल व्यक्ति की उपस्थिति में ही महत्ता रहती है। उसके द्वारा किये गये प्रयास एवं सफलताओं को याद किया जाता है। उन व्यक्तियों की कमी अनुभव अवश्य होती है, किन्तु काम कभी नहीं रुकता है। यही इस संसार में सभ्यता और संस्कृति के विकास की नियति है। आप भी कुछ ऐसा करने के लिए सोचिए कि आपके चले जाने के बाद लोग आपको याद करें। अत: जब तक आप हैं, अपना काम मानवता के हित में पूरे मन, दिमाग़ एवं ताक़त लगाकर अपनी समझ से सर्वश्रेष्ठ तरीक़े से करें! बस, आपके कार्यक्षेत्र में इतना ही आपका सहयोग है, बाक़ी सब भगवान की मर्ज़ी पर ही निर्भर है।

सोचिए! अंडे का फूटना दो तरह से होता है। एक तो जब आप उसे फोड़ते हैं और दूसरा जब वह अपने आप टूटता है। जब आप उसे फोड़ते हैं तो वह अंडे का अप्राकृतिक ढंग से फूटना होता है। उसका कोई भविष्य नहीं होता। आप उससे केवल आमलेट या अंडाकरी बनाकर उपयोग में ले सकते हैं। किन्तु जब अंडा स्वयं टूटता है, उसमें से चूजा निकलता है। वह नवजीवन के सृजन का प्रमाण है। अतः बच्चों से यदि आप जो कोई काम ज़बरदस्ती करवाते हैं, जो उसका मन पसन्द नहीं है। वह अंडे को जानबूझ कर फोड़ने जैसा है। यदि आप बच्चे को उसकी जिज्ञासा एवं रुचि के अनुरूप काम करवाते हैं तो वह उसके स्वाभाविक विकास की श्रेणी में आता है। उसमें स्वयं बालक को भी आनन्द आता है और वह कुछ नया करता है, जिससे उसका आत्मविश्वास बढ़ता है। अतः सफलता के लिए हमें कोई भी काम रुचिपूर्वक करना एवं करवाना चाहिए। यही सफलता का मन्त्र है।

अब तक जितने आविष्कार हुए, उनमें सबसे अधिक महत्त्वपूर्ण मन की आश्चर्यजनक शक्ति एवं उसके उपयोग का ज्ञान है। आत्मविश्वास का भव्य भवन इसी विचार की नींव पर खड़ा है। आत्मविश्वास को बढ़ाइए। उसे कमज़ोर मत पड़ने दीजिए। आत्मविश्वास और अहंकार में बहुत अन्तर होता है। अहंकार का आधार भौतिक पदार्थ, स्थूल सामग्री एवं बिना मेहनत के जुटाये हुए संसाधन होते हैं; जबकि आत्मविश्वास आपके द्वारा किये हुए प्रयास, सफलता एवं असफलता के अनुभवों का शाश्वत संकलन होता है, जो जीवनपथ में आगे बढ़ने की प्रेरणा देता है।

माना कि कठिनाइयों में आदमी स्वयं को अकेला अनुभव करने लगता है। किन्तु कठिनाई आने पर ही अकेला आगे बढ़ना सीखता है। उसका हौसला बुलन्द होता है। आदमी कठिनाइयाँ आने पर ही उनका धैर्यपूर्वक सामना करने से मजबूत होना सीखता है! अतः घबराना नहीं चाहिए–

वे कभी टूटते हैं तो कभी बिखर जाते हैं।
विपत्तियों में इन्सान अधिक निखर जाते हैं।।

इस सम्बन्ध में भारतीय वाङ्मय के प्रसिद्ध ग्रन्थ गीता के वर्णित दर्शन के अनुसार जीवन को जीने एवं देखने का नज़रिया सफल होने के लिए बहुत ही महत्त्वपूर्ण है।

भगवद् गीता के सन्दर्भ से

- आत्मा अजर-अमर है! वह ईश्वर का अंश है! आत्मा न तो कभी मरती है और न कभी जन्म लेती है! उसे न कोई मार सकता है, न जला सकता है, न काट

सकता है, न गला सकता है! यह एक प्राणवायु है जो जब तक आपके शरीर में विद्यमान है, आप जीवित हैं। इसके निकलते ही आप मृत हैं। आत्मा के निकलते ही आपका शरीर एक ख़ाली लिफ़ाफ़ा है, जिसकी कोई क़द्र नहीं! सभी लोग उसे तुरन्त जलाने के लिए आतुर होते हैं। इसलिए किसी भी चीज़ की चिन्ता क्यों करें और मरने से क्यों डरें?

- जो हुआ सो अच्छा हुआ। जो होगा वह भी अच्छा होगा। जो अभी हो रहा है, वह भी अच्छा ही हो रहा है। इसलिए भूतकाल का पश्चात्ताप नहीं करना चाहिए और भविष्य के लिए मन में डर नहीं रखना चाहिए। वर्तमान में जीओ! यही सत्य है। जो वर्तमान है, उसमें अच्छे से अच्छे कार्य करो बाक़ी सब ईश्वर पर छोड़ दो।
- आपने क्या खोया जो रोते हो? आप अपने साथ क्या लाये जो खो गया है? आपने क्या पैदा किया जो ख़त्म हो गया है? यह बात जान लीजिए कि आप इस विश्व में कुछ नहीं लाये और यहाँ से कुछ भी नहीं ले जा सकते हैं।
- आपने जो कुछ पाया है, वह यहाँ पर ही, इसी दुनिया में पाया है। जो आपने दिया है, वह भी यहीं दिया है। जो खोया है, वह भी यहीं खोया है। यह सब ईश्वर की मर्ज़ी से हुआ है। जो कुछ आपने लिया है, वह ईश्वर से ही लिया है और जो कुछ आपने दिया है, वह भी ईश्वर को ही दिया है। आप ख़ाली हाथ आये थे और ख़ाली हाथ ही वापस जायेंगे।[1] जो कुछ भी आज अपना कह रहे हो, वह कल तक किसी और का था और कल किसी और का होगा। तुम बिना बात ही इस ग़लतफ़हमी में जी रहे हो कि यह मेरा है। वस्तुत: यही तुम्हारी पीड़ा एवं दु:खों का कारण है।
- परिवर्तन प्रकृति का शाश्वत नियम है। जो आयेगा, वह जायेगा! चाहे राजा हो या रंक! इस जीवन का मृत्यु ही अन्तिम सत्य है। परमात्मा आपको एक क्षण में अरबपति बना सकता है और दूसरे क्षण कंगाल! इसलिए अपने दिमाग़ से 'यह मेरा' और 'यह तुम्हारा' का भाव निकाल दीजिए। यह जो स्थूल शरीर है, वह भी आपका नहीं है। यह पाँच तत्त्वों का बना है। वे हैं–हवा, पानी, अग्नि, पृथ्वी एवं आकाश और इसी में इसको मिलना है। आप आत्मा हैं या शरीर हैं, इसकी डोर ईश्वर के हाथ में है। अत: आप एक आत्मा हैं।

इसलिए सब कुछ ईश्वर के हाथ में छोड़ दो और व्यर्थ की चिन्ता, आशाएँ,

1. दुनिया में आये थे नंगे ही, ताउम्र सफ़र करना पड़ा कफ़न के लिये! –अज्ञात।

आकांक्षाएँ, भावनाएँ, लोभ-लालच, मोह आदि छोड़ दो और मस्त रहो! उत्साह और आत्मविश्वास के साथ कार्य करते रहो! जिस पर भी विश्वास रखो, सामने वाले से बिना कुछ अपेक्षा के उसे अपना सम्पूर्ण विश्वास देने का प्रयास कीजिए! फिर भी कुछ कमी लगती है तो अपने दृष्टिकोण पर डटे रहिए! अपने व्यवहार को अधिक मधुर एवं संवेदनशील बनाइए! मानव समाज की सारी नींव विश्वास पर टिकी है। अत: विश्वास सोच-समझकर कीजिए, पर एक बार कर लें तो पूरा कीजिए और निभाइए!

21
व्यवहार का परिमार्जन

सांसारिक जीवन में सफल होने के लिए सबसे अधिक यह महत्त्वपूर्ण है कि हम अपने व्यवहार का परिमार्जन करें। इसके लिए आवश्यक है कि सर्वजनहिताय सकारात्मक सोच रखते हुए हम परिस्थितियों के साथ अनुकूलन करना सीखें! हम किसी का उपहास करने या उससे लड़ाई-झगड़ा करने से बचें! इसके लिए अच्छा यह होगा कि हम मौन धारण करना सीखें। उतना ही बोलें जितना आवश्यक हो! वाचाल होना व्यक्ति का सबसे बड़ा दुर्गुण है। एक बहुत ही प्रसिद्ध उक्ति है–*मौन सर्वोत्तम भाषण है।* यदि जीवन में इसे अपना सकें तो आप सबसे अच्छे व्यक्ति बन सकेंगे। परिस्थितियों के साथ अनुकूलन करना हमारे व्यवहार का आवश्यक अंग बने। यह हमें आना चाहिए!

जीवन में सबसे ज़्यादा दुःख हर व्यक्ति को किसी के द्वारा किये गये अनुचित व्यवहार से होता है। इसका एक ही मूलमन्त्र है कि आप दूसरों के साथ वैसा ही व्यवहार कीजिए जो आपको अपने लिए पसन्द है। ऐसा व्यवहार जो पसन्द नहीं है, वैसा दूसरों के साथ न करें! सफल जीवन के लिए यह आवश्यक है।

मनुष्य का व्यवहार उस पोशाक की भाँति होना चाहिए जो तंग न हो, अपितु ऐसा हो कि जिसमें हरकत और कसरत आसानी से की जा सके।[1] अर्थात् हर व्यक्ति उस व्यवहार को पसन्द करे। व्यवहार एवं मित्रता में भ्रातृत्व एवं स्नेह की भावना की महत्त्वपूर्ण भूमिका होती है। अतः जो आपके साथ भ्रातृत्व एवं स्नेह निभाना चाहता है, उसके साथ आप भी निभाइए। यही दुनियादारी का व्यावहारिक स्वरूप है। इसे परस्पर निभाने की आवश्यकता है। प्यार से जो आपके साथ भाईचारा निभाना चाहता है, उसके साथ भाईचारा आप भी निभाइए! जो आपके साथ प्रेम का सम्बन्ध निभाना

---

1. Human behavior must be as a dress that should not be tight so that one can move and have exercise easily. –Fransis Baccon.

चाहता है, उससे प्रेम का सम्बन्ध निभाइए! कोई भी ग़लत नहीं है, सब अपनी जगह ठीक हैं। हमें उसी हिसाब से अपेक्षा एवं व्यवहार करना चाहिए!

हम किसी के साथ कैसा व्यवहार करें, यह अपने दिल एवं आत्मा पर हाथ रखकर हम तय करें! सामने वाला कैसा व्यवहार करेगा? यह उसे तय करने दें। आपको अपेक्षा भी नहीं करनी चाहिए! इस संसार में सर्वत्र अपेक्षा का ही झगड़ा है। दूसरे के व्यवहार को देखकर अपना व्यवहार बदलना भी ठीक नहीं है। आप अपने हिसाब से चलिए। दूसरों को उनके हिसाब से चलने दीजिए। कोई कटुता, राग-द्वेष मत पालिए! अपनी-अपनी 'लेन' में चलिए। फिर भी अतिक्रमण होता है तो ब्रेक लगाइए और अपने आप को दुर्घटना से बचाइए, सुरक्षित चलिए। आप अपने व्यवहार, दक्षता एवं क्षमता को सँभालकर रखिए। उसे उत्तरोत्तर बढ़ाते रहिए। बाक़ी सब ऊपर वाले पर छोड़ दीजिए।

ऐसा करने से आपका 90 प्रतिशत काम ठीक हो जायेगा। अब सवाल आता है कि कभी-कभी कुछ लोगों से वांछित व्यवहार नहीं मिलता। इसके लिए आपको किसी भी प्रकार की प्रतिक्रिया करना उचित नहीं है। उनके परिवेश एवं परिस्थितियों को मद्देनज़र रखते हुए अनुचित व्यवहार को नजरअन्दाज़ करना उचित होगा। इस पर दुखी नहीं होना चाहिए। फिर कौन व्यक्ति किस समय किस परिस्थिति में क्या सोचकर बैठा हुआ है, वह उसी हिसाब से अपना व्यवहार करता है, हमें उसी को ध्यान में रखना चाहिए।

फ़िर भी हमें कभी तकलीफ़ होती है तो यह सोचना चाहिए कि हमारा लक्ष्य क्या है? दुखी रहना या सबसे लड़ते रहना या ख़ुश रहना है? यदि ख़ुश रहना है तो नज़रअन्दाज़ करना सीखना पड़ेगा। लोग हमारे बारे में क्या सोचते हैं, इसकी जानकारी करते रहना एवं ख़ुश या दुखी होना व्यर्थ है। यही तकलीफ़ का सबसे बड़ा कारण है और यही आपकी सफलता में सबसे बड़ी बाधा है। अत: इस बात पर बिल्कुल ध्यान मत दीजिए कि लोग हमारे बारे में क्या सोचते हैं। मुझे जो अच्छा लगता है, जो मेरा दिल गवाही देता है, मैं वही करता हूँ और ख़ुश रहता हूँ। मुझे मेरा लक्ष्य प्राप्त करना है। मुझे किसी के साथ नाइन्साफ़ी नहीं करनी है और झूठ-फ़रेब नहीं करना है। हमें सच पर टिके रहना है, किसी की आलोचना नहीं करनी है, किसी की चुगली नहीं करनी है, किसी को बेवजह परेशान नहीं करना है और अपने काम में जुट जाना है। दूसरों के काम पर ध्यान देना समय की बर्बादी है। यह निरर्थक है। इसके बजाय स्वयं के कार्यों में मनायोग से जुटे रहो और ख़ुश रहो। अपने में ख़ुश रहना एवं अपना लक्ष्य प्राप्त करना, सबके साथ विनम्रतापूर्वक पेश आना, यही सुखी जीवन का रहस्य है एवं सफलता की कुंजी है।

किसी के प्रति मन में ईर्ष्या होना, अपनी प्रगति के मार्ग में सबसे बड़ी बाधा है। यह दु:ख का कारण भी है। अक्सर यह दु:ख होता है, अपने साथ वालों की प्रगति को देखकर! अपनी कंगाली पर रोना आता है और उसमें से निकलता है ईर्ष्या का भाव! यह सबसे ख़तरनाक है। दूसरों की प्रगति देखकर अपनी भी प्रगति के लिए प्रेरणा और प्रोत्साहन का भाव जाग्रत होना अच्छी बात है, किन्तु अन्य व्यक्ति की सफलता के मार्ग में अवरोध बनकर षड्यन्त्र रचना ग़लत बात है। इससे अधिक घृणित कोई काम नहीं हो सकता है। अच्छा इन्सान ऐसी कुत्सित भावना से हमेशा दूर रहता है। हमें ऐसे दुर्भावों से बचना चाहिए!

किसी भी व्यक्ति की अन्य किसी व्यक्ति से तुलना करना भी ग़लत है। हर व्यक्ति का समय, परिस्थिति, अवसर एवं स्वभाव एक जैसा नहीं होता है। वह अलग-अलग होता है। उसी से व्यवहार नियन्त्रित होता है। वह व्यक्ति उसी के सोच के अनुसार प्रगति करता है। आपको उन पर टिप्पणी करने का कोई अधिकार नहीं है।[1] बिना माँगे उपदेश देने का भी कोई अधिकार नहीं है। दूसरों की टिप्पणी, उपदेश एवं आलोचना पर तनाव में आना भी ग़लत है। झूठ एवं आडम्बर का सहारा लेकर आगे बढ़ना, कम समय का होता है। एक दिन उसकी पोल खुलती है और वह स्थिति बहुत ख़राब होती है। अत: व्यवहार में झूठ, फ़रेब एवं आडम्बर का सहारा नहीं लेना चाहिए! सफलता के लिए सच्चाई, सरलता, ईमानदारी एवं कठोर परिश्रम का रास्ता ही श्रेष्ठ रास्ता है। वही दीर्घकालीन और सुखदायी है।

बदलते समय और परिस्थिति के साथ कई मित्रों के आचार-विचार एवं व्यवहार में बदलाव आ जाता है। इसे स्वाभाविक रूप से स्वीकार करना चाहिए! यदि आपको किसी के व्यवहार से कोई शिकायत है तो आपको ग़म या गिला करने के बजाय उससे घनिष्ठता बढ़ानी चाहिए। पुन: आपके मनमाफ़िक व्यवहार मिलने लगेगा, यह तो जितना गुड़ डालोगे उतना मीठा होने जैसा है।

जब हम कोई बड़ा व्यवसाय करते हैं या संस्थान चलाते हैं तो हमारा वास्ता कई लोगों से पड़ता है। हमें कई लोगों को बड़े पदों पर भी नियुक्त करना पड़ता है। जब उनका इंटरव्यू आयोजित करते हैं, उस वक़्त उनकी सही पहचान नहीं हो सकती है। उनके बारे में जानकारी करने पर भी विशेष पता नहीं लग पाता है। जब वह व्यक्ति कोई बड़ा काम हाथ में लेता है और वह कुछ असामान्य परिस्थितियों से गुज़रता है, उस वक़्त उसका व्यवहार कैसा होता है? वह अपनी सूझबूझ और कर्तव्यों का पालन करते हुए कितने धैर्य से काम लेता है और अपने व्यक्तिगत हितों को एवं

1. To give unwanted suggestions is a bad habit.

संस्थागत हितों को कैसे सुरक्षित करता है, उसी से उसकी सही पहचान होती है।[1] यही उसकी कार्यकुशलता तथा गुणवत्ता की कसौटी है।

हम बच्चों से अपेक्षा करते हैं कि जीवन में वह कुछ अच्छे संस्कार सीखें एवं उन्हें व्यवहार में लायें। इसके लिए यह आवश्यक है कि हम आदर्श बनें अर्थात 'रोल मॉडल' बनें! जो हम उन्हें सिखाना चाहते हैं या जो हम उनके व्यवहार में लाना चाहते हैं, उसे पहले हमें स्वयं के व्यक्तित्व में ढालना होगा! यह तभी सम्भव होगा और बच्चे भी वैसा ही व्यवहार करेंगे।

आप जैसी दुनिया ख़ुद के लिए चाहते हैं, वैसा ही व्यवहार दूसरों के साथ करना होगा। आप कितने भी व्यस्त रहें, अपनी नज़र से दूर रहने वालों से किसी न किसी एक माध्यम से सम्पर्क में ज़रूर रहें। अगर आप अपनों से दूर रहेंगे तो ऐसी कोई स्थिति नहीं है, जो दूसरों को एकतरफ़ा सम्बन्ध बनाये रखने पर मजबूर करे।

जीवन में कई बार ऐसे मौक़े आते हैं, जब हमें किसी विषय में कुछ बोलने का अवसर मिलता है। जब तक उस विषय पर कोई अध्ययन न हो, उस पर कुछ बोलना ग़लत होगा। यदि कुछ पता नहीं है तो चुप रहना ज़्यादा उचित होगा।

जीवन में सुखी एवं सफल होने के लिए हमें कम बोलना एवं ज़्यादा सुनना सीखना पड़ेगा एवं कभी किसी के बीच में बोलना तो हमेशा छोड़ना पड़ेगा। जहाँ ज़रूरत है, वहीं बोलो! जितनी ज़रूरत हो उतना ही बोलो! सोच-समझकर बोलो एवं प्रभावशाली बोलो, मीठा बोलो, कड़वा कभी मत बोलो! चाहे जो परिस्थिति हो। बहुत दुःख है, ग़ुस्सा है तो चुप हो जाओ, बिल्कुल न बोलो!

जिसने जीवन में कम बोलने का गुर सीख लिया, समझ लो उसने जीवन जीने का सलीका सीख लिया। यह कोई आसान काम नहीं है। इसे गहरे अभ्यास एवं प्रयासपूर्वक जीवन-शैली का हिस्सा बनाने की आवश्यकता है। कम बोलने वाला और ज़्यादा सुनने वाला हमेशा जीतता है। ऐसे व्यक्ति मुलाक़ात में एक भी शब्द ऐसा नहीं बोलते, जिसकी ज़रूरत न हो। वे सब कुछ सटीक, सुचिन्तित और सहज में समझने जैसा बोलते हैं। बस, वे सरलतापूर्वक मन की बात कह देते हैं। ऐसा लगता है–जैसे मौन को उन्होंने गहराई से हृदय में उतार लिया हो। मौन का मतलब चुप्पी नहीं, नाराज़गी से मुँह फुलाना भी नहीं! इसका अर्थ है, जितना ज़रूरत हो उससे भी दो शब्द कम बोलना! जिस व्यक्ति में यह गुण पैदा हो जाता है, वह सर्वश्रेष्ठ पुरुष हो जाता है।

---

1. धीरज धर्म मित्र अरु नारी। आपत काल परखिए चारी।। –तुलसीदास जी।

जीवन को पानी जैसा बनाइए! पानी का स्वभाव होता है–निरन्तर बहना एवं शीतल रहना। पानी के सामने जो भी आता है, उससे टकराता है। इसमें वह या तो उसे तोड़ देता है या अपना मार्ग बना लेता है। यदि वह नहीं तोड़ पाता है तो दिशा मोड़कर अपना रास्ता बदल लेता है, किन्तु अपनी मूल प्रकृति चलना (बहना) एवं शीतलता नहीं छोड़ता है। इसीलिये जीवन को बस चलते रहने दीजिए! मार्ग में जो भी बाधाएँ या अड़चनें आती हैं, उनका डटकर मुक़ाबला कीजिए! यदि सफल हुए तो ठीक, वरना अपना रास्ता बदल दीजिए, किन्तु चलते ज़रूर रहिए एवं शीतल रहिए!

बिना कारण किसी का उपहास करना, मज़ाक़ उड़ाना या किसी गुट में शामिल होकर, किसी एक व्यक्ति को लक्ष्य बनाना बहुत ही ग़लत है। ऐसे किसी गुट में भी शामिल नहीं होना चाहिए! कभी किसी को कमतर नहीं आँकना चाहिए! कब किसी भी व्यक्ति से कौन-सा काम पड़ जाये, पता नहीं![1] अत: सबसे प्रेम एवं सद्‌भावना के साथ पेश आना और उचित दूरी बनाये रखना चाहिए! यदि किसी से मतभेद हो जाये तो उससे बड़ा सावधान रहना आवश्यक है। यदि सम्भव हो तो कोशिश कर अपने मतभेद ख़त्म कर देने चाहिए! फिर भी मतभेद समाप्त न हों और सामने वाला व्यक्ति डराने पर आमादा ही हो तो उसे अच्छा सबक सिखाना चाहिए! पूरी सावधानी से उसकी शक्तियों का आलकन करते हुए आक्रमण करना चाहिए! वार बहुत तेज़ एवं प्रभावशाली होना चाहिए, जिससे दूसरा भी सबक ले सके! लड़ाई कभी नहीं करनी चाहिए, पर यदि करनी पड़ जाये तो जीतनी ही चाहिए। हारी हुई मानसिकता बहुत ख़राब होती है। अत: अच्छा होगा कि अपने व्यवहार को सन्तुलित रखें।

जब भी हम किसी नयी जगह जाते हैं, हमें अपने व्यवहार को उसी माहौल के अनुरूप बनाना पड़ता है। अक्सर हम इस संसार में तीन तरह के लोग पाते हैं–एक वे जिन्होंने अपने आप को बिल्कुल नहीं बदला। वे लोग हर वक़्त दूसरों से विवाद करते रहते हैं। हर छोटी बात पर लड़ने-भिड़ने को तैयार रहते हैं। दूसरे वे जो समय परिस्थिति एवं माहौल में ऐसे घुल मिल जाते हैं कि उनका अपना अस्तित्व ही ख़त्म हो जाता है। तीसरे वे जो माहौल के हिसाब से अपने आप को बदलते हैं[2] पर अपना अस्तित्व ज़िन्दा रखते हैं तथा अपने प्रभाव से माहौल को सुगन्धित करते हैं। हमें तीसरे प्रकार के लोग बनना है।

---

1. बड़े प्यार से मिलना सबसे, इस दुनिया में इन्सान रे!
   ना जाने किस वेश में बाबा मिल जायें भगवान रे! –एक प्रसिद्ध गीत!
2. A man of dynamic personality always survives everywhere. –A proverb.

जो दूसरों से जलता है, उसको नीचे गिराने का प्रयास करता है, दूसरे के कामों में अनावश्यक अड़चन पैदा करता है, राजनीति करता है, वह स्वयं नीचे गिरता है। ऐसे लोगों से बहुत सावधान रहते हुए दूरी बनाकर चलना चाहिए तथा हमेशा प्रेम से बात करनी चाहिए! उनको पूरा सम्मान देना चाहिए एवं समय-समय पर उनकी मदद करते रहना चाहिए। उन्हें राहु या शनि समझकर उचित सम्मान देते हुए, उनसे दूरी बनाकर रहना ही अच्छा है।

अक्सर मौक़ा मिलते ही हम दूसरों को समझाने लग जाते हैं या राय देने लग जाते हैं। यह आदत लगभग सभी में मिलती है। किसी में कम, किसी में ज़्यादा! सोचिए, क्या यह अच्छी आदत है? यह आदत हमें कई अनावश्यक अपेक्षाओं में और कई तरह के छोटे-मोटे बन्धनों में बाँधती है, जो आपके व्यवहार को सामान्य नहीं रहने देते हैं। आपका व्यवहार कई प्रश्नों के घेरे में उलझ जाता है।

आइए, अभ्यास करते हैं, हमें बिना माँगे किसी को भी कोई सलाह नहीं देनी है। हमें सिर्फ़ पूछे गये प्रश्नों का उत्तर देना है। वह भी आवश्यक हो तभी उत्तर देना है। अपने आप को इस भ्रम से बाहर निकालना है कि हमारे बिना धरती का गुज़ारा बहुत मुश्किल है। हमें यह कभी नहीं भूलना चाहिए कि ब्रह्माण्ड में हमारा अपना अस्तित्व कितना सूक्ष्म है। हम इस अनन्त ब्रह्माण्ड में सूई की नोक के बराबर भी नहीं हैं। अत: हम हमेशा अपने दायरे में ही रहना सीखें। यदि आप यह अनुभव करने लगें कि अमुक व्यक्ति बार-बार आपकी राय की अपेक्षा कर रहा है और उसके बिना उस व्यक्ति का अहित होना सम्भव है, तब ही अपनी राय दीजिए!

कई बार हम अपनी पसन्द या नापसन्द के आधार पर लोगों के चरित्र का आकलन करते हैं और अपने मन में उस व्यक्ति विशेष की इमेज बनाकर लोगों में प्रचार करना शुरू कर देते हैं। यह सबसे ग़लत बात है। हमारी अपनी पसन्द या नापसन्द हमारी अपनी है। उसे हमें अपने तक ही सीमित रखनी चाहिए। वह हमारे व्यवहार में परिलक्षित हो, वहाँ तक ही ठीक है। किन्तु और लोग भी वैसा ही व्यवहार करने लगें, जैसा आप कर रहे हैं तो बहुत मुश्किल हो जायेगी। ऐसी उम्मीद करने वाले अक्सर बिना वजह दुखी एवं तनाव में रहते हैं। इसलिए जहाँ तक सम्भव हो, किसी भी व्यक्ति के बारे में धारणा बनाने से बचें! हमारा हर व्यक्ति से मिलने का तरीक़ा हर बार नया तथा पूर्वाग्रह से मुक्त हो। हमारी धारणा भावुकता के बजाय वैज्ञानिकता के आधार पर होनी चाहिए।

ज़माना उन्हीं को अच्छा मानता है जो दूसरों को देखकर अपना खान-पान, रहन-सहन, बोल-चाल, दिनचर्या, आपसी व्यवहार और परनिन्दा से बचते हुए,

लेन-देन एवं औपचारिकता निभाने में ज़माने के साथ उनके हिसाब से चलें। जो ऐसा नहीं करते हैं, वे अपने हिसाब से चलते हैं। वे प्रारम्भ में मज़ाक़ एवं निन्दा के पात्र बनते हैं, किन्तु जो अपने इरादे दृढ़ रखते हैं, वे फिर विशिष्ट भी बन जाते हैं। अत: भेड़चाल में मत पड़ो! कुछ अपना सोचो और करो, जिससे अपने मन को सन्तोष मिले। जीवन एक बहती हुई नदी के समान है। उसको बहने दीजिए। जैसे पानी बहता रहता है, उसी तरह ज़िन्दगी चलती रहनी चाहिए। पानी रुक गया तो सड़ाँध पैदा कर देगा। उसी तरह ज़िन्दगी रुक गयी तो आपके विकास के सारे रास्ते अवरुद्ध हो जायेंगे। आपकी प्रगति रुक जायेगी।

आदत और व्यवहार का अटूट सम्बन्ध है। आदत ही सदैव व्यवहार में प्रकट होती है। जीवन को सफल बनाने के लिए आवश्यक है कि आपमें अच्छी आदतें हों। यदि आदत अच्छी होगी तो आपका व्यवहार स्वत: अच्छा हो जायेगा। ये एक-दूसरे के पर्यायवाची शब्द हैं। जब आप यह जान लेंगे कि बोल-चाल, व्यवहार, लेन-देन, हिसाब-किताब, वादे, वचन, प्रतिज्ञा, संवेदनशीलता, भावना, क्रोध एवं लालच क्या है? इनका जीवन पर क्या असर पड़ता है? आपका व्यवहार परिमार्जित होने लगेगा और आपकी आदतें अच्छाई की ओर अग्रसर होने लगेंगी।

अच्छी आदतों का मतलब है, आपका दैनिक जीवन में काम करने का, बोलने का, व्यवहार करने का, पेश आने का तरीक़ा, जो आपके क्रियाकलापों से अनायास ही झलकता है। अच्छी आदत डालने के लिए कड़ी मेहनत करनी पड़ती है। उसके लिए प्रयास करना पड़ता है। असफल होने पर निराश न होकर, फिर से प्रयास प्रारम्भ करना पड़ता है। याद रखिए, हम पहले आदत का निर्माण करते हैं, फिर आदत व्यवहार में प्रकट होकर हमारे व्यक्तित्व एवं चरित्र[1] का निर्माण करती है, जो व्यवहार के परिमार्जन से सम्भव होता है।

जिन व्यक्तियों का सोच एवं दृष्टिकोण छोटा एवं छिछला होता है, वे भले ही सम्पन्न हो सकते हैं, बड़े ओहदे पर पहुँच सकते हैं पर किसी का भला नहीं कर सकते। वे देश एवं समाज के बन्धुओं के कुछ भी काम नहीं आ सकते हैं। वे हमेशा शंका, ईर्ष्या, भय एवं बदहवासी का शिकार रहते हैं। ख़ुद भी तनाव में रहते हैं एवं अन्य को भी तनाव में रखते हैं। उनकी यात्रा स्वयं से प्रारम्भ होकर स्वयं पर ही समाप्त हो जाती है।

जिनसे आप प्रेम करते हैं, उनके साथ विवाद भी हो सकता है। यह स्वाभाविक है। हम व्यर्थ ही ज़िन्दगी में एक-दूसरे की ग़लतियों का बोझ लिए निरन्तर बीमार

1. Character is the bundle of habits.

हो रहे हैं। विवाद की जड़ होती है, 'आपसी व्यवहार में की गयी ग़लतियाँ या असावधानियाँ! ये समाप्त होती हैं–माफ़ करने से!' जीवन में माफ़ करने की कला ज़रूर आनी चाहिए। माफ़ करो एवं भूल जाओ! यह मानव स्वभाव का सर्वोत्तम गुण है।

जीवन में ऐसे भी क्षण आते हैं, जब हताश हुए व्यक्ति की प्रंशसा करने से उसके जीवन में नया मोड़ आता है। अत: जो भी आपको अच्छा लगता है, उसकी खुले मन से प्रशंसा करें! इसमें हिचकिचाएँ नहीं! आपका उत्साहित या प्रंशसा किया हुआ वाक्य दूसरों के जीवन को बदल सकता है। इससे उनके जीवन में अप्रत्याशित निखार आ सकता है और आपके लिए उसके मन में हमेशा के लिए स्थान बन जायेगा। यही नहीं जीवन में सफल होने के लिए धन्यवाद देना, हमारी आदत में आना आवश्यक है। इसके साथ ही अन्य लोगों के व्यक्तित्व की अच्छाई को स्वीकार करना भी आना चाहिए! हमें अन्य लोगों को भी महत्त्वपूर्ण मानना सीखना होगा। जब भी हम किसी से मिलें या उससे कोई काम करवाएँ, उसे धन्यवाद ज्ञापित करना न भूलें! चाहे वह कितना भी छोटा या बड़ा व्यक्ति क्यों न हो। साथ ही सम्भव हो तो हर पत्र का जवाब ज़रूर दीजिए, चाहे छोटा हो या बड़ा! जिस व्यक्ति को आप पहचानते हैं, वह स्वत: महत्त्वपूर्ण हो जाता है और उसका आपके प्रति प्यार एवं सम्मान बढ़ जाता है।

22
झूठ और अहंकार से बचें

हमें सदैव झूठ बोलने एवं झूठे वादे करने से बचना चाहिए। झूठ और झूठे वादे हमारे व्यक्तित्व को अन्दर से खोखला कर देते हैं। असली परेशानी तब होती है, जब हम अपना वचन तोड़ते हैं। इसका अर्थ है–आप दूसरों का विश्वास भी तोड़ते हैं। जब दूसरों का विश्वास तोड़ते हैं, वह कई प्रकार के दुराव उत्पन्न कर देता है, जो कालान्तर में दुःखदायी बन जाते हैं।[1] हमेशा अपनी बात पर दृढ़ रहिए। अपने दिये हुए वचन को निभाइए। आपकी कभी हार नहीं होगी। यह मत सोचिए कि सामने वाला आपके साथ क्या कर रहा है? मैं ही सब कुछ हूँ और तुम कुछ भी नहीं! यही अहंकार है! बस यही सोच, हमें इन्सान नहीं बनने देता है! यह हमें सद्भावों से दूर ले जाता है। सम्मान हमेशा सद्भावों का होता है। अत: आवश्यक है कि हम अहंकार को त्यागकर, जीवन में सरल बनें!

जीवन में सरल होना सबसे मुश्किल काम है। जो अपने अभिमान में फूले-फूले फिरते हैं और दूसरों के यश को मिटाना चाहते हैं, उन्हें कभी सुख की प्राप्ति नहीं होती। इसलिए बेहतर जीवन हेतु हमें एक-दूसरे के प्रति अधिक सहिष्णु एवं आत्मीय होने की ज़रूरत है। इससे जीवन सुखमय, स्नेहिल और सरल होगा। यह अहंकार से बचने की पहली सीढ़ी है।

दोस्तो, अपनी सफलता का सबसे बड़ा दुश्मन आपका घमण्ड है। यदि आपको घमण्ड सता रहा है तो इसका मतलब आपका ज्ञान अधूरा है! आपने पढ़ाई तो की है, पर ज्ञानवान नहीं बने। ज्ञानवान व्यक्ति हमेशा विनम्र होता है। जैसे कि अब्दुल कलाम साहब! वस्तुत: ज्ञानवान व्यक्ति हमेशा शान्तचित्त एवं विनम्र होता है।

1. रहिमन धागा प्रेम का, मत तोड़ो चिटकाय!
   टूटे से फिर ना मिलै, मिलै गाँठ पड़ जाय! –रहीम।

23
हिंसा और अहिंसा

एक शाश्वत सूक्ति है–अहिंसा परमो धर्मः! जैनदर्शन में अहिंसा को सर्वाधिक महत्त्व दिया गया है। जैनधर्म के मूल सिद्धान्तों में सत्य और अहिंसा है। सत्य और अहिंसा का मार्ग खाण्डे की धार पर चलने जैसा है। यदि इसे खुराक की तरह से लिया जाये तो यह शरीर को पोषण देती है। इसी प्रकार यदि अहिंसा का जीवन में ठीक तरह से पालन किया जाये तो आत्मा को पोषण देती है। अहिंसा की पहली सीढ़ी यह है कि हम नियमित जीवन में, पारस्परिक व्यवहार में सत्य, नम्रता, सहिष्णुता, प्रेम, करुणा, आदि गुणों को विकसित करें।

हमारा चिन्तन, मनन, विचार और चेतना मिलकर हमें किसी के प्रति हिंसक या अहिंसक बनाते हैं। इसके विपरीत हिंसा एक कुकर्म है और अहिंसा एक धर्म! सामान्यतः ऐसा माना जाता है। जो हिंसा करता है, वह हिंसक अर्थात् एक कुकर्मी है। वह संसार में सबसे अभागा होता है, क्योंकि विपत्ति के समय उसको कोई भी साथ नहीं देता है। इस संसार में कुकर्मी से बढ़कर कोई बड़ा हिंसक नहीं है।

जैनदर्शन में आवश्यकता से अधिक वस्तु या धन के संग्रह की प्रवृत्ति को भी हिंसा माना गया है। क्योंकि यह प्रवृत्ति हमें किसी न किसी रूप में हिंसा की ओर ले जाती है। आत्म-सम्मोहन भी एक प्रकार की हिंसा ही है। यह आत्मश्लाघा का ही एक रूप है। यह हमें दूसरों के सर्वजनहिताय अच्छे विचारों को मानने से रोकती है। यह हमारे लिए एक तरह का मनोविकार है, जो व्यक्ति को अहिंसक बनाता है। जो व्यक्ति अपनी इच्छाओं पर नियन्त्रण नहीं कर पाता, वह भी हिंसक ही होता है। मन एवं मस्तिष्क के खुलेपन से अपनी इच्छाओं पर नियन्त्रण कर, दैनिक जीवन में अपने आपको हिंसक बनने से रोकिए! हिंसा को त्यागकर मन को गहरी शान्ति की ओर बढ़ने दीजिए!

हम अक्सर ही अनजाने में एक छोटी-सी मुलाकात या दूसरों के अनुभव के आधार पर व्यक्ति विशेष के बारे में अपनी राय बनाने लगते हैं। उस व्यक्ति विशेष के बारे में एक विशिष्ट छवि अपने मन में बना बैठते हैं और उस छवि पर रोज़ अपनी कल्पनाओं का मुलम्मा चढ़ाते रहते हैं। कई बार तो हम विचारों में उससे लड़ने लग जाते हैं और उसके प्रति हिंसा का भाव पैदा कर देते हैं। इससे हम बिना बात तनाव में आ जाते हैं, जबकि ऐसा कुछ होता नहीं! ऐसी स्थिति से हमें सदैव बचना चाहिए! किसी के बारे में बिना सोचे-समझे, बिना जाने-परखे अपनी राय या धारणा बना लेना बिल्कुल ग़लत होगा। ऐसी स्थितियाँ ही व्यक्तिगत, सामाजिक एवं राष्ट्रीय विद्वेष पैदा करने का कारण बनती हैं। ऐसी स्थिति ने ही मानव सभ्यता के इतिहास में युद्धों को जन्म दिया है। जिससे मानवता क्षत-विक्षत हुई है।

स्वयं के मन की अनुमति के बिना आप अपने आप को दुखी करने की इजाज़त मत दीजिए! यह ऐसा नियम है जिससे आपकी ज़िन्दगी में कोई चाहकर भी आपको दुखी नहीं कर सकेगा।

अब प्रश्न उठता है कि वास्तव में हिंसा क्या है? यदि किसी को जानबूझकर परेशान करने के लिए कोई क्रूरता की जाती है तो वह हिंसा है। किन्तु किसी सिंहासनारूढ़ व्यक्ति द्वारा कोई क्रूरता और अन्याय किया जाता है तो क्या वह हिंसा है? इस प्रश्न का उत्तर देने के लिए सोचना पड़ेगा। क्या राम द्वारा रावण का वध करना हिंसा है? क्या कृष्ण द्वारा पूतना और कंस को मारना तथा महाभारत के युद्ध में कृष्ण द्वारा अर्जुन को कौरवों के विरुद्ध शस्त्र उठाने के लिए प्रेरित करना हिंसा है? नहीं![1] अतः किसी अन्याय के विरुद्ध शस्त्र उठाना हिंसा नहीं माना जा सकता क्योंकि काँटे से ही काँटा निकलता है। सामान्य जीवन में अहिंसा का मार्ग अपनाना सफल जीवन की कसौटी है। अतः अहिंसा अपनाइए!

1 हम नहीं चाहते युद्ध, मगर शत्रु शीश पर आ जाये तो जमकर युद्ध करेंगें।–जयशिव व्यास श्रीमाली

24
प्रसन्न और सुखी रहो

प्रसन्न और सुखी रहने के लिए तनाव मुक्त रहना आवश्यक है। इसके लिए यदि हमारे पास समय है तो फ़िल्म देखनी चाहिए। फ़िल्म से आप कुछ समय के लिए दूसरी दुनिया में चले जाते हैं और आपकी चिन्तन क्षमता को नये आयाम मिलते हैं। ये नये विचार ही आपको जीवन में नयी शुरुआत करने की प्रेरणा और अवसर देकर भावी जीवन का मार्ग प्रशस्त करते हैं।

अगर किसी को किसी भी प्रकार का काम करने के लिए पैसे या धन दे रहे हैं तो उसे देने के समय मुस्कराइए, उसे आशीर्वाद दीजिए कि यह धन आपको बहुत फलेगा, क्योंकि इसको मैंने बहुत जतन और परिश्रम से कमाया है और मैं आपको बहुत ख़ुशी से दे रहा हूँ। इस व्यवहार से आपका दिया हुआ धन और आशीर्वाद उसको फलेगा या नहीं, मैं नहीं जानता; किन्तु आप ज़रूर फलेंगे। मैं यह जानता हूँ, क्योंकि आपका व्यवहार हमेशा सामने वाले के मस्तिष्क में दर्ज हो जाता है और वह आपसे जब भी मिलेगा, आपको हमेशा अच्छी निगाह से देखेगा।

जीवन में छोटी-छोटी ख़ुशियों का बड़ा महत्त्व है। हम कई बार बड़ी ख़ुशी के चक्कर में छोटी ख़ुशी को नज़रअन्दाज़ कर देते हैं। प्रत्येक वह व्यक्ति, जिसने आपको कुछ सिखाया, समझाया एवं आगे बढ़ने में सहयोग दिया, उसका महत्त्व है। उसे कभी नहीं भूलना चाहिए।

जीवन की सबसे बड़ी विडम्बना यह है कि हम अपने जीवन की रोज़मर्रा की ख़ुशियों का आनन्द न लेकर कल्पना की बड़ी ख़ुशियों के इन्तज़ार में छोटी ख़ुशी को क़ुरबान कर देते हैं या गँवा बैठते हैं। ख़ुशी एक मानसिक अनुभूति है, जो मनुष्य को जीवन में सन्तोष प्रदान करती है। अत: हमें ख़ुश होने एवं दूसरों को ख़ुश करने का छोटा से छोटा अवसर नहीं गँवाना चाहिए।

यदि आप कोई काम मनोरंजन के लिए कर रहे हैं तो याद रहे, उस काम को करने से आपको मन की शान्ति एवं ताज़गी महसूस होनी चाहिए। यदि ऐसा नहीं होता है तो उसे तुरन्त छोड़ देना चाहिए! क्योंकि मनोरंजन उद्‌देश्य नहीं एक ऐच्छिक वस्तु है और प्रत्येक व्यक्ति का उसके प्रति अपना भिन्न नज़रिया होता है।

किसी भी क़ीमत पर अपने साहस एवं रोमांच को कम न होने दें! हिम्मत न हारें! बिना जोखिम लिए जीवन में आगे नहीं बढ़ा जा सकता है। हाँ, यह ज़रूर है कि सोच-समझकर ही जीवन में जोखिम लें! अँधेरे कुएँ में छलाँग न लगायें!

जीवन में कई बार ऐसे क्षण आते हैं, जब मनुष्य को सहनशील होकर समय और परिस्थिति के अनुसार क्षमा भी करना पड़ता है। अत: आवश्यक है कि हम ज़िन्दगी में दूसरों को माफ़ करना सीखें! यह इतना मुश्किल नहीं होता है। इसमें शर्त यह है कि दोनों तरफ़ प्रेम एवं आत्मीयता जीवित रहे। किसी व्यक्ति को माफ़ न करने की आदत, एक मानसिक विकार है। जब यह विकार मन में घर कर जाता है तो इसकी पहुँच में बच्चे, मित्र, रिश्तेदार, ऑफ़िस के सहकर्मी आदि सब आ जाते हैं। अत: क्षमा[1] का गुण जीवन में अपनाना आवश्यक है।

अपने कार्य एवं कर्मस्थल से प्रेम करिए! जब तक आप उससे प्रेम नहीं करेंगे और उसे बोझ समझकर कार्य करेंगे, आप उसमें कुशलता कभी नहीं ला सकते और न ही आपको उस कार्य को करते हुए ख़ुशी अनुभव होगी। जो भी काम भगवान ने या माता-पिता ने या परिस्थितियों ने आपको सौंप दिया है, उसे कुशलता और तन्मयता से कीजिए, ख़ुश होकर कीजिए, अच्छी तरह से कीजिए! उसमें सृजनात्मकता लाइए! फिर देखिए, आप पायेंगे कि आपको आनन्द आ रहा है और आपको आत्मिक सन्तोष मिल रहा है।

प्रसन्नता का कोई भौतिक स्वरूप या स्थान नहीं है, जहाँ पहुँचना सम्भव हो। "प्रसन्नता वह मानसिक अवस्था है जिसकी हम स्वयं संरचना करते हैं।" प्रसन्नता भरे जीवन का उद्‌देश्य है–उद्‌देश्यों से भरा जीवन!

ख़ुशी उनको नहीं मिलती, जो अपनी शर्तों पर ज़िन्दगी जीते हैं। ख़ुशी उनको मिलती है, जो दूसरों की ख़ुशी हेतु अपनी शर्तें बदल लिया करते हैं। यह सामाजिक समायोजन का सिद्धान्त है। सामाजिक समायोजन से सौहार्द का वातावरण बनता है। सब ख़ुश रहते हैं। जीवन में सुखी रहने का मूलमन्त्र है–सुख के क्षणों को हमेशा

---

1. क्षमा वीरस्य भूषणम्! –एक प्रसिद्ध सूक्ति!
छिमा बड़न को चाहिए, छोटन को उत्पात।
का रहीम प्रभु को घट्यौ, जो भृगु मारी लात!!–रहीम।

याद रखिए! उनको जीवन में महत्त्व देकर बड़ा बनाइए! प्रयास कीजिए कि दुःख की स्मृतियाँ क्षणिक एवं छोटी हों!

कई बार ख़ुश रहना एवं दुखी रहना, स्वभाव की बात हो जाती है। कुछ लोग ख़ुश रहने का स्वभाव ही बना लेते हैं। वह हर परिस्थिति में, हर तक़लीफ़ में और हर प्रतिकूलता में भी ख़ुशी ढूँढ़ लेते हैं। इसके साथ ही अपने आस-पास के वातावरण को हँसी-ख़ुशी से युक्त बना लेते हैं। जबकि कुछ लोग, सब कुछ ठीक होने पर भी, सारी अनुकूलताओं में भी दुखी होने का बहाना ढूँढ़ लेते हैं। इसलिए ख़ुश रहना एवं दुखी रहना मन की बात होती है। मन को नियन्त्रण में रखकर हर परिस्थिति में ख़ुश रहना सीखना चाहिए।

ख़ुश रहिए, ख़ूब व्यस्त रहिए! व्यस्त रहने से कष्ट या दुःख की अनुभूति में शिथिलता आती है। आपके मन में ऊर्जा का संचार होता है। दुःख को धैर्यपूर्वक सहन करने से मन हल्का हो जाता है और नवीन ऊर्जा के साथ कार्य करने की प्रेरणा मिलती है। किन्तु व्यस्त रहने में यह ध्यान रखिए, आपके पास अपनों के लिए यदि समय नहीं है तो दूसरों के पास भी समय का कोई स्टॉक नहीं है, जिससे वे आपकी चिन्ता में डूबे रहें! इसके लिए ख़ुशियाँ बाँटेंगे तो आपको भी ख़ुशियाँ मिलेंगी!

जीवन में यदि ख़ुश और व्यवस्थित रहना है तो दो प्रयास करने पड़ेंगे। एक शरीर को स्वस्थ रखने का और स्वस्थ रखने के लिए खाने पर नियन्त्रण एवं नियमित व्यायाम का! इसके साथ मन को स्वस्थ रखने के लिए तनावमुक्त जीवन का! व्यावहारिक जीवन में प्रतिदिन हमें बाहरी एवं घर के तनावों से वास्ता पड़ता है। जब भी कोई काम अपने मन के मुताबिक़ नहीं होता या हमसे कोई चूक या भूल हो जाती है, वह भूल हमें तनाव देती है, जिससे उत्पन्न निराशा ही तनाव का कारण बनती है। जीवन में तनाव को सहन करना और अपना सन्तुलन बनाये रखना ही सबसे बड़ी चुनौती है। तनाव से निजात पाने का तरीक़ा है–हमेशा अपने पर विश्वास रखो और अपने से जो अच्छे से अच्छा हो सकता है, उस कार्य को समय एवं परिस्थिति के अनुसार करो! बाक़ी सब ईश्वर पर छोड़ दो! प्रकृति हर चीज़ का समय आने पर इलाज करती है। हमारे बहुत अधिक चाहने और न चाहने से कुछ नहीं होता। जो होना होता है, वही होता है। हमारा काम पूरी मेहनत और ईमानदारी के साथ अच्छा करने हेतु होना चाहिए। न किसी के लिए बुरा करो, न बुरा सोचो! सब के लिए अच्छा सोचो, अच्छा करो एवं मस्त रहो! किसी से कोई उम्मीद मत रखो! इससे तनाव से दूर रहने में काफ़ी हद तक मदद मिलेगी।

हम बहुत कुछ हासिल करने के चक्कर में कई बार अपना मूल स्वभाव ही खो देते हैं। अतः समाज में जिससे हमारी अच्छी पहचान है, उसे बचाये रखिए! दूसरों से कुछ सीखना और उनके जैसा बनने की कोशिश करना, वहीं तक ठीक है, जब तक आपका मूल स्वभाव उससे प्रभावित न हो! दूसरों की नक़ल करना वास्तविकता से परे एक अभिनय के समान लगता है। इसमें उलझने से आप अपने मन और मस्तिष्क के बीच होने वाले उद्वेलन में उलझ जायेंगे, जो आपको कभी ख़ुश नहीं रहने देगा। अतः स्वयं को पहचानो और अपने मूल स्वभाव में रहो तो ख़ुश रहोगे। इसका सूत्र है–

सदा मुस्कराना और सबको प्यार करना,
गुणी जनों का सम्मान पाना
बच्चों के दिल में रहना,
सच्चे आलोचकों से स्वीकृति पाना
झूठे दोस्तों की दग़ाबाज़ी को नज़रअन्दाज़ करना,
ख़ूबसूरती की सराहना करना,
दूसरों में ख़ूबियाँ तलाशना,
किसी उम्मीद के बिना दूसरों के लिए ख़ुद को
अर्पित करना,
उत्साह के साथ हँसना और खेलना, और मस्ती
भरे तराने गाना,
बस, इस बात का अहसास कि,
आपकी ज़िन्दगी ने किसी एक
व्यक्ति का जीवन आसान बनाया
यही सच्ची सफलता है।

उपर्युक्त बिन्दु जीवन में ख़ुशियाँ लाने के लिए विचारणीय एवं अपने व्यवहार में अपनाने योग्य हैं। इन्हें अपनाइए और ख़ुश रहिए!

- व्यर्थ के तनाव से केवल समस्याएँ जन्म लेती हैं, अगर समाधान खोजने हैं, तो हमको मुस्कराना ही होगा...!
- जीवन में अहंकार की आरी और कपट की कुल्हाड़ी, सम्बन्धों को काट डालती है.....!!
- दूसरों की प्रसन्नता देखकर अगर हम प्रसन्न हो सकें तो समझ लेना कि हम

धर्म के पथ पर हैं।

- जीवन के हर पल को त्योहार की तरह ख़ुशी, उमंग एवं उल्लास के साथ जिएँ!, अपना जीवन भगवान का दिया हुआ सबसे सुन्दर तोहफ़ा है, उसके हर पल को पूर्णता से जियें!
- रोना कोई बुरी बात नहीं है। जब भी मन को हल्का करना हो और मन में भरी गाँठें खोलनी हों तो अकेले में बैठकर थोड़ा रो लीजिए! इससे मन निर्मल हो जायेगा और आप में स्फूर्ति आ जायेगी।

25
उल्लास और उमंग के साथ

उमंग और उल्लास ऐसे संप्रत्यय हैं जो जीवन में आकांक्षाओं की उपलब्धि से उद्दीप्त होते हैं। ये मन को आह्लादित कर उसमें ऊर्जा का संचार करते हैं और वह ऊर्जा उत्सव के रूप में अभिव्यक्त होती है। ये उत्सव ही सभ्यता की नींव भरते हैं, जो कालान्तर में सांस्कृतिक मूल्यों का स्वरूप धारण कर सामाजिक जीवन की धरोहर सिद्ध होते हैं। उमंग और उल्लास की इस सम्पूर्ण पृष्ठभूमि के मूल में है–मानव मन के सद्विचार! अत: आवश्यक है कि हम–

- हमेशा अपने मन में सुन्दर विचार रखें। अपने दिन की शुरुआत अच्छे मन से करें एवं दिन के अन्त को ख़ुशी से पूरा करें! अपने प्रिय मित्र या जीवन साथी के साथ अच्छी बात कर अच्छा समय व्यतीत करें!
- छोटी से छोटी उपलब्धि को जीवन में महत्त्व दें! उसे पाकर ख़ुश हों! इससे आपको और भी अच्छा काम करने की प्रेरणा मिलेगी।
- उत्सवों को कभी मत नकारिए! हर उत्सव को उल्लासपूर्वक मनाइए! हर उत्सव आपको ख़ुश रहने का एक नया अवसर प्रदान करता है एवं रोज़मर्रा की उदासीनता तोड़ता है।
- जीवन के हर पल को उत्साह से मनाने का सबसे उत्तम तरीक़ा है–जो भी काम आप कर रहे हैं, उसे तन्मयता से कीजिए या उस काम में तल्लीन हो जाइए और यह सोचिए कि मेरे इस काम से मेरा, मेरे परिवार का, समाज का और देश का कितना भला होगा? ऐसा दिमाग़ में आते ही आप वही काम करेंगे, जो सर्वजनहिताय होंगे और अच्छे होंगे!

महत्त्वपूर्ण यह है कि ख़ुशी एवं तनावमुक्त रहना कोई प्राप्त करने की चीज़ नहीं है। तनावरहित स्थिति को मन में हर समय महसूस किया जा सकता है। ऐसा महसूस करना हमें अभ्यास में लाना होगा। यदि ऐसा कर पाते हैं तो आपका जीवन सरल, सौम्य, आकर्षक एवं लोक-संग्रही अपने आप हो जायेगा।

याद रखिए! यदि आपको कभी-कभी या बहुधा क्रोध आता है तो उसे नियन्त्रित करना सीखना पड़ेगा। क्योंकि यह उल्लास और उमंग का शत्रु है। इस क्रोध को नियन्त्रित करना इतना आसान नहीं है। इसके लिए अभ्यास करना पड़ता है। जब आप असहज अनुभव करने लगें, ऐसा प्रयास कीजिए कि क्रोध न आये तो अच्छा है। इसके लिए हमेशा याद रखिए, क्रोध के बाद हमेशा पछतावा ही झेलना पड़ेगा!

जब किसी को क्रोध आता है तो वह विवेक हर लेता है। क्रोध सबसे अधिक संक्रमण फैलाने वाली भावना है। यह दारुण दुखों का मूल है। जैसे ही आपको क्रोध आया, सामने वाला आपसे दोगुना क्रोध आप पर कर लेगा और दोनों का संवाद विवेकहीन हो जायेगा। यह किसी भी क्षण हिंसा में परिवर्तित हो सकता है। अत: क्रोध का नियन्त्रण तनावरहित रहने की रामबाण दवा है। हर क़ीमत एवं परिस्थिति में आपको क्रोध नियन्त्रित करना आना चाहिए।

हम भावावेश में आकर कई कार्य नये प्रारम्भ कर बैठते हैं। हर नये काम को तत्काल प्रारम्भ मत कीजिए! जो आप करना चाहते हैं, उसे प्रारम्भ करने से पहले एक बार और सोचिए कि यह काम करना मेरे लिए, परिवार के लिए, समाज के लिए एवं देश के लिए ठीक है या नहीं! यदि आपका मन उसे हितकर माने और हाँ कहे, तभी उस कार्य को प्रारम्भ कीजिए। इसके लिए हमें व्यक्तिगत स्वार्थ से ऊपर उठना होगा तभी आप प्रसन्नता अनुभव कर सकेंगे।

जीवन में सुखी रहने के लिए कुछ कामों में गोपनीयता बनाये रखना भी आवश्यक होता है। बातचीत में वह सब मत कहिए जो आप जानते हैं।[1] उसमें से आप इतना ही बताइए जितनी ज़रूरत है। आप जितने कम शब्दों में उत्तर देंगे, उतने ही सुखी रहेंगे। कोई दुर्लभ वस्तु या विचार जो आपके पास है, उसका उपयोग मत कीजिए! उसे सुरक्षित रखिए और उसके उपयोग के लिए उचित समय की प्रतीक्षा कीजिए! उतावला होना ठीक नहीं है।

आपसे भूतकाल में यदि कोई ग़लतियाँ हो गयी हों उन्हें मत कोसिए! उनसे जो अनुभव प्राप्त हुए हैं, उन्हें ग्रहण कर भविष्य के लिए सुरक्षित रखिए और भूतकाल की अच्छी घटनाओं को याद करते हुए वर्तमान में जीने का प्रयास कीजिए! याद रखिए, सन्तुष्टि वह नहीं है जो आपको चाहिए! सन्तुष्टि वह है, जो कुछ आपके पास है, उसको सोचकर ख़ुश होना ही सन्तुष्टि है। विलासिता की अपेक्षा करना हमेशा कृत्रिम ग़रीबी को निमन्त्रण देना है, जिसकी चाह हमेशा बढ़ती रहती है।

---

1. Secrecy is essential in worldly life. Never put all the cards on the table. –A proverb.

सिकन्दर ने विश्व विजय का सपना देखा था किन्तु उसे भी ख़ाली हाथ जाना पड़ा। इस सत्य को पहचानिए!

परिवार में स्नेहिल वातावरण भी उल्लास का महत्त्वपूर्ण हिस्सा है। अपने परिवार के सदस्यों एवं सहयोगियों के साथ हमेशा प्यार से रहिए! आराम से रहिए! जब कोई महत्त्वपूर्ण बात हो, तभी सख़्त अथवा रूखा व्यवहार कीजिए अन्यथा सामान्य व्यवहार!

सहजता एवं सौहार्द सुखी जीवन में उल्लास एवं उमंग का मूलमन्त्र है।

26
सफलता हेतु स्मरणीय सूक्तियाँ

सफल होने हेतु निम्नांकित बातों का रखें ध्यान–

कम बोलना, जब भी बोलना प्रभावशाली बोलना और सोच-समझकर बोलना। अधिक से अधिक सुनना।

कम खाना, जो भी खाना उसे ठीक से चबाना और पचाना। यह अच्छे स्वास्थ्य की कुंजी है।

कम सोना और गहरी नींद सोना।

कम से कम लोगों से घनिष्ठ सम्बन्ध बनाना, क्योंकि सम्बन्धों का निर्वाह बड़ा मुश्किल होता है।

क्रोध को कभी व्यक्त न होने देना। क्रोध को सँभालकर रखना। जब मौक़ा आये तब उसका उचित उपयोग करना।

किसी भी काम को करने की जल्दबाज़ी मत कीजिए! उतावलापन भी कई बार बहुत नुक़सान पहुँचाता है।

जो भी काम हाथ में लें, उसे प्राथमिकता से पूरा करें! कोशिश करें कि उसमें कोई ग़लती न हो। यदि उसमें कोई ग़लती रह जाये तो उसे पूरी ज़िम्मेदारी से स्वीकार करें! उसके परिणाम ख़ुद भुगतें। दूसरों पर दोष डालना और अपनी ग़लती स्वीकार नहीं करना, सबसे बड़ा पाप है।

यह समझ लेना चाहिए कि दुनिया हमारे हिसाब से नहीं चलती और न ही चलेगी। हमें सिर्फ़ अपने आप को अपने तरीक़े से चलाने का प्रयास करना चाहिए। बस इस बात की चिन्ता करनी चाहिए कि हमसे कोई ग़लती न हो। हम समाज के लिए जितना अच्छा कर सकें, करें!

हमें हमेशा याद रखना चाहिए कि जो व्यक्ति ज़्यादा असफल हुआ, वह सफल व्यक्ति से ज़्यादा अनुभव वाला होगा। उसके प्रति हमें नकारात्मक विचार नहीं

रखकर, सिर्फ़ उसके द्वारा हुई असावधानियों को रेखांकित कर उसके द्वारा अर्जित अनुभव के आधार पर उससे सीख लेना चाहिए!

अपने जीवन में घटित घटनाओं के प्रभाव का अच्छाई या बुराई के आधार पर विश्लेषण करने के बजाय, जीवन की पुरानी कड़वाहटों से तटस्थ रहकर अच्छाई एवं बुराई, जिस रूप में आ रही है, उसे उसी रूप में स्वीकार करना, अपने मानसिक सन्तुलन को बनाये रखने में बहुत मददगार होता है। जीवन में आ रही अड़चनों, परेशानियों एवं बाधाओं को महसूस कीजिए और उनका आनन्द लीजिए! ये सब बाधाएँ आती हैं और चली जाती हैं। हाँ, हमें कुछ सिखलाती हैं। हमेशा याद रखिए, जीवन में सिर्फ़ परिणाम महत्त्व रखते हैं! सीख महत्त्व रखती है, न कि केवल पाठ को पढ़ लेना! आपने क्या पढ़ा, उससे किसी को क्या मतलब? आपने क्या सीखा, और उसे व्यवहार में कैसे ला रहे हैं? इससे सभी को मतलब होता है।

आप अपने आपको शारीरिक एवं मानसिक रूप से जितना खुला एवं ख़ाली रख सकते हो, रखने का प्रयास कीजिए! तभी कुछ नये विचार, नवीनतम विधाएँ एवं विधियाँ अपने मन एवं मस्तिष्क में आयेंगी। अपने को व्यस्त रखो, पर अस्त-व्यस्त मत रखो! सब काम एक साथ मत करो! एक-एक कर सबको अंजाम पर पहुँचाओ! दूसरे कामों को ख़राब मत होने दो, पर उन्हें थोड़ा पेन्डिंग रखो! कार्य को करने का असली रहस्य इस बात को जानने में है कि क्या नहीं करना चाहिए? जिस काम को करने की आवश्यकता ही नहीं हो, उसे पूरी क्षमता से करने से ज़्यादा निरर्थक कार्य कुछ भी नहीं हो सकता है।

प्रश्न पूछने में मत हिचकिचाओ! जो पूछता है, वह पाँच मिनट के लिए ही अज्ञानी रहता है, किन्तु जो प्रश्न नहीं पूछता है, वह ज़िन्दगीभर मूर्ख ही रहता है। जो भी मन में इच्छा हो, उसे माँगिए! माँगने में आपको हिचक नहीं होनी चाहिए! आप जब भी माँगें, अपनी क्षमता एवं पात्रता के अनुसार माँगिए एवं उचित व्यक्ति से माँगिए! ग़लती होने पर मत पछताइए! ग़लतियाँ जीवन में सबसे होती हैं। जो निशाने पर लगता है, वह हर तीर, कम से कम सौ चूके हुए निशाने का परिणाम होता है।

अपने आस-पास के वातावरण को ठीक करिए! आपके विचार आपकी दुनिया का निर्माण करते हैं। आप जिस वस्तु पर ध्यान देते हैं, उसका विकास होता है। जिसके बारे में आप जितना सोचते हैं, वह उतना ही विस्तृत होता है। इसमें आप व्यस्त रहते हैं, यह आपकी क़िस्मत का निर्धारण करता है। जीवन आपको वही देता है, जिसकी आप कल्पना करते हैं या अपेक्षा करते हैं। हमारा वातावरण हमारी भावनाओं, विचारों और कल्पनाओं को रूप देता है तथा किन लोगों का आपके

जीवन पर प्रभाव है, उसके अनुसार ही आपका विचार एवं व्यवहार विकसित होता है। अत: यह आवश्यक है कि अपने विचार, आस-पास का वातावरण, आचार-विचार आदि ठीक करिए! विचार सकारात्मक होंगे तो ख़ुशी मिलेगी और जीवन में आगे बढ़ने की प्रेरणा मिलेगी।

अधिकतर यह होता है कि मन-मस्तिष्क में कोई विचार आता है तो वह विचार आपको गतिशील करने लगता है। आपका दिमाग़ उसी ओर चलने लग जाता है। इस प्रकार हम विचारों के ग़ुलाम हो जाते हैं। इससे हम इधर-उधर भटकने लग जाते हैं और अन्त में थक जाते हैं। इससे हम कभी दुखी हो जाते हैं, कभी तनाव में आ जाते हैं, कभी ग़ुस्से में आ जाते हैं, कभी भावुक हो पड़ते हैं, कभी क्रूर हो जाते हैं, कभी उदार हो जाते हैं, कभी कंजूस हो जाते हैं। ऐसा सब अपने दिल-दिमाग़ पर नियन्त्रण न होने के कारण होता है। इसलिए यह समझ में आना बहुत आवश्यक है कि आप अलग हैं एवं विचार या आवेश जो आपके दिल एवं दिमाग़ में उठते हैं, वे अलग हैं। इन विचारों की मण्डी में से आपको वे ही विचार चुनना चाहिए, जो आपके लक्ष्य के अनुरूप हों और जो आपके मन को सन्तुष्ट रखें, संयमित रखें एवं अपने लक्ष्य की ओर ले जायें!

अक्सर हम दूसरों में कमियाँ निकालते हैं और पूरा समय छोटी-छोटी कमियाँ निकालने में एवं उनकी आलोचना करने में निकाल देते हैं। यह आदत हमारा स्वभाव बन जाती है। एक बहुत बड़े आलोचक थे, जिन्हें न किसी का काम पसन्द आता, न किसी का खाना पसन्द आता, न किसी का उठना-बैठना पसन्द आता और न बात करना! उन्हें हर व्यक्ति वैसा ही चाहिए, जैसा वे सोचते एवं करते हैं। ऐसा होना बड़ा मुश्किल एवं प्रकृति के नियमों के विरुद्ध है। विविधता से मित्रता में ख़ूबसूरती आती है। हमें उसी में आनन्द लेना सीखना होगा, वरना हम अप्रासंगिक हो जायेंगे! आपके व्यक्तिगत रिश्ते में होनेवाली समानता समाज और देश को महान नहीं बनाती, बल्कि विभिन्नता बनाती है, जो अपने आप में एक विशिष्टता है। हम अपने आस-पास के लोगों की कमियाँ ढूँढ़ने के बजाय उनकी अच्छाइयों को ढूँढ़कर माहौल को ख़ुशनुमा बनायें और विभिन्नता का आदर करना सीखें! पूरी ज़िम्मेदारी के साथ जैसी है वैसी वास्तविकता को स्वीकार करना सीखें और अपने आस-पास के माहौल को ठीक करना आपको सीखाना पड़ेगा।

अतीत जा चुका है, आप चाहकर भी उसे पकड़कर नहीं ला सकते। भविष्य एक कल्पना है, कब साकार होगी, यह पता नहीं! वर्तमान आपका है। इसे पूर्णता से जीओ! इसका निवेश बुद्धिमत्ता से करिए! वर्तमान में जीना सीखिए!

अपने जीवनरूपी जहाज़ के कप्तान आप ख़ुद बनो! दूसरों से सलाह लीजिए, प्रभावित होइए, पर जो आपके लिए अच्छा है, वही कीजिए। इस बात की चिन्ता मत कीजिए कि लोग क्या कहेंगे?

अपने अतीत की ग़लतियों पर समय बिताना, व्यर्थ में उस पर घंटों चर्चा करना और अपने आप पर दुखी होना मूर्खता है। उन ग़लतियों से हम क्या सीख लें, वही याद रखना चाहिए! यदि हम एक बार हुई अपनी ग़लती को नहीं दोहराते हैं तो हम सही राह पर हैं। जीवन में ग़लतियाँ सभी करते हैं, पर वे हमारे विकास और प्रगति के लिए आवश्यक हैं। पूर्णत: निर्दोष होने की कल्पना के बजाय समझदारी का दृष्टिकोण अपनाकर जीना श्रेष्ठ है। कभी यह भी किया जा सकता है कि जीवन की सबसे गम्भीर 10 ग़लतियाँ जो आपने की हैं, उनको लिखिए! फिर उन ग़लतियों से मिले सबक से आपने कितने फ़ायदे उठाये? यह भी लिखिए! फिर आप पायेंगे कि वे ग़लतियाँ और उनसे मिली सीख, अपने जीवन के लिए कितनी ज़रूरी थीं?

यदि आप जीवन में सफल होना चाहते हैं तो एक बात गाँठ बाँध लीजिए कि आपको निम्नांकित तीन बातों पर सख़्ती से अमल करना होगा। वह है कम सोना, कम खाना एवं कम बोलना! अगर आप और भी आगे बढ़ना चाहते हैं तो कम से कम लोगों से मिलना चाहिए! जिसको ज़रूरत होगी, वह आपसे आकर स्वयं मिलेगा। किसी ने ठीक कहा है, "वे ऊँचाइयाँ, जो महान व्यक्तियों ने पायीं, वे उनके पास उड़कर नहीं आयीं। जब उनके साथी आराम से सोते थे, वे लगन से काम कर रहे होते थे।"

आप जैसा बनना चाहते हैं, वैसा व्यवहार कीजिए। वैसा पहनावा पहनिए, वैसा बर्ताव करिए, बातचीत करिए, धीरे-धीरे आप वैसे हो जायेंगे, यह पक्की बात है। क्योंकि आप स्वयं अपने भाग्य के निर्माता हैं। यदि आप स्वयं को हर वक़्त निराश, हताश, दुखी, हारा हुआ समझते हैं तो आप वैसे ही हो जायेंगे! यदि आप अपने आपको ख़ुशनुमा, साहसिक, स्मार्ट एवं सफल इन्सान बनना चाहते हो तो वैसा व्यवहार करो, एक दिन अवश्य बन जाओगे।

अपने काम से प्यार कीजिए और इतना प्यार कीजिए कि उसमें आपको आनन्द आने लगे, ताकि अन्त में आप कह सकें, "मैंने पूरी जिन्दग़ी कोई काम नहीं किया, सिर्फ़ आनन्द लिया है।"

जो भी अच्छा विचार मन में आता है, उसे आज ही कर लीजिए! इस भरोसे बैठना कि मैं इसे तब करूँगा, जब मेरे पास कुछ अधिक समय होगा। ऐसा समय चलकर आपके पास कभी नहीं आयेगा और आप एक अच्छे काम से वंचित रह जायेंगे।

यह तय मानिए कि आपके विचार ही आपकी दुनिया का निर्माण करते हैं। आप जिस वस्तु पर विशेष ध्यान देते हैं, उसका विकास होता है। जिस कार्य के बारे में आप सोचते हैं, वह विस्तृत रूप ग्रहण करता है। जिस कार्य में आप व्यस्त रहते हैं, वह ही आपके भाग्य को निर्धारित करता है। आप मान लीजिए, "आज का पुरुषार्थ ही कल का भाग्य है।"

हम जहाँ हैं उसी में ख़ुश हैं। 'अपना काम तो चल ही रहा है' की भावना 60 साल के बाद आये तो अच्छा है। यदि यह भावना जवानी में आने लगे तो आगे बढ़ने के सारे मार्ग अवरुद्ध हो जाते हैं। यह मन में कुण्ठा को जन्म देती है और कुण्ठा से ग्रसित भावना मन में आने लगे तो वह बहुत ही ख़तरनाक सिद्ध होगी। हमें युवावस्था में निरन्तर आगे बढ़ने के मार्ग खोजने चाहिए। रुकना कायरता है और आगे बढ़ना पुरुषार्थ! पुरुषार्थ के पुजारी बनिये!

आदमी काम की अधिकता से नहीं थकता है। बस उसे भार समझकर अनियमित रूप से करने पर थकता है।

समझदारी का तकाज़ा यह कहता है कि बातचीत में बिना वजह ऐसे सवाल न पूछे जायें, जिनका जवाब नहीं दिया जा सकता है। किसी भी काम को करने की तीव्र इच्छा, उसको करने का दृढ़ निश्चय, उस काम को करने का अनुशासन, उस कार्य के प्रति समर्पण एवं श्रद्धा का होना ही सफलता प्राप्त करने का मूलमन्त्र है।

यदि हम बदलते समय के साथ नहीं बदलते तो नष्ट हो जायेंगे। यदि हम समय के साथ बदलते हैं तो अस्तित्व में बने रहेंगे। यदि हम समय के साथ बदलना प्रारम्भ कर देंगे तो जीवन समृद्धि की ओर सग्रसर होगा।

जैसा कि पहले भी लिखा गया है कि असफलता ही सफलता का मार्ग प्रशस्त करती है। आप कभी नहीं हारते हैं, जब तक कि आप स्वयं हार न मान लेते हैं। इस सम्बन्ध में एक बहुत ही प्रसिद्ध व्यक्ति का प्रेरणादायक उदाहरण आपको देता हूँ–

1. वह व्यक्ति 1831 में अपने व्यवसाय में असफल हो गया।
2. वह व्यक्ति 1832 में विधायक का चुनाव लड़ा और हार गया।
3. फ़िर उस व्यक्ति ने व्यापार किया और 1834 में अपने व्यापार में असफल हो गया।
4. सन् 1835 में उसकी पत्नी का देहान्त हो गया, जिसे वह बहुत प्यार करता था।
5. सन् 1836 में उसका मानसिक सन्तुलन बिगड़ गया। वह मनोरोगी हो गया और हीनता का शिकार हो गया।

6. सन् 1838 में उसने फिर स्पीकर का चुनाव लड़ा और चुनाव हार गया।
7. सन् 1843 एवं 1845 में फिर प्रेसीडेंट के लिए खड़ा हुआ और चुनाव हार गया।
8. सन् 1855 में उसने सांसद का चुनाव लड़ा एवं चुनाव हार गया।
9. सन् 1856 में उपराष्ट्रपति का चुनाव हार गया।
10. सन् 1858 में फिर सांसद का चुनाव हार गया।
11. सन् 1860 में वह प्रेसीडेंट का चुनाव जीत गया।

वह था अब्राहम लिंकन। वह राष्ट्रपति बना विश्व के सबसे मज़बूत देश अमेरिका का।

अत: असफलता से मत घबराओ! उससे सीख लो! प्रयत्न करना जारी रखो! आपको निश्चित ही सफलता मिलेगी और आप लक्ष्य तक पहुँचेंगे।

27
सफलता, मनन एवं जीवन-दर्शन

(यहाँ जीवन में सफलता कैसे प्राप्त हो सकती है, इस दृष्टि से कुछ सूत्र रूप में सर्वसम्मत सूक्तियाँ एवं विचार प्रस्तुत किये जा रहे हैं। इन्हें केवल पढ़ना पर्याप्त नहीं है। पूरी पुस्तक में व्यक्त विचारों की तरह ही इन पर भी मनन करना आवश्यक है। क्योंकि ये अनुकरणीय जीवन-दर्शन से युक्त शाश्वत सूक्तियाँ हैं।)

सफलता हेतु स्मरणीय सूत्र

(i) Coming together is beginning.
(ii) Keeping together is progress.
(iii) Working together is Scuccess.

–By Henry Ford

ये सब सफलता के स्वर्णिम सोपान हैं!
इनसे अपना व्यक्तित्व सँवारिए!

- ईश्वर में आस्था
- स्वस्थ शरीर
- अच्छा चरित्र
- स्व-अनुशासन
- दृढ़ संकल्पशक्ति
- अच्छी बोलचाल के धनी
- समय-प्रबन्धन
- किसी भी विषयवस्तु पर अध्ययन एवं ज्ञान
- आत्मविश्वास
- सकारात्मक मनोवृत्ति
- सत्यनिष्ठा एवं ईमानदारी

- अच्छी आदतें–कम बोलना, कम खाना एवं कम सोना
- समर्पित एवं कठोर परिश्रमी
- अच्छे आपसी सम्बन्ध
- अच्छे भरोसेमन्द मित्र
- अपने कार्य के प्रति पूर्ण श्रद्धा, निष्ठा एवं विश्वास
- हर परिस्थिति में अपने को ढालने वाला, कभी विचलित न होने वाला स्वभाव
- सामाजिक एवं सबको मदद करने वाला स्वभाव
- आशावादी दृष्टिकोण
- निर्भीक, साहसी एवं बहादुर

इन पर मनन कीजिए-

- किसी स्थान पर सिर्फ़ रहो मत, वहाँ जिओ।
- किसी को सिर्फ़ छुओ नहीं, साथ में महसूस भी करो।
- किसी को सिर्फ़ देखो मत, बल्कि उसका अवलोकन भी करो।
- किसी चीज़ को सिर्फ़ पढ़ो मत, उस पर मनन भी करो। क्योंकि अच्छी पुस्तकें पहली बार पढ़ने पर कम समझ में आती हैं। उन्हें एक से अधिक बार पढ़ना पड़ता है।
- किसी वाक्य को सिर्फ़ कानों से सुनो मत, उसे दिमाग़ से भी सुनो एवं समझने का प्रयास करो।
- जीवन में वह व्यक्ति सफल होता है, जो अपनी योग्यता (क्षमता) को समझे एवं उसका व्यवहार में उपयोग करे।

श्रेष्ठतर जीवन का सिद्धान्त-

- दस दोषी बच जायें, पर एक निर्दोष नहीं फँसना चाहिए।
- अँधेरे को गाली देने की तुलना में एक मोमबत्ती जलाना श्रेष्ठ होता है।
- ग़लत तरीक़े से खेलने के बजाय हार जाना अच्छा है।
- बड़ी-बड़ी चीज़ों के सपने देखने के बजाय छोटी-छोटी सफलता हासिल करना अच्छा है।
- एक अच्छा, भरोसेमन्द एवं मुसीबत में काम आने वाला दोस्त अच्छा है, बनिस्पत इसके कि ढेर सारे दोस्त हों और वे मुसीबत में काम न आयें।

जीवन की व्यावहारिक बातें-

- छिपे हुए सन्देहपूर्ण दोस्त के बजाय, खुला दुश्मन अच्छा है।
- व्यापार में आप अधिक दोस्त नहीं बना सकते।
- कम बोलिए और सुनिए ज़्यादा।
- अपने वादे निभाइए, चाहे छोटे हों या बड़े।
- हमेशा गुणवत्ता (Quality) पर भरोसा रखिए या प्रतिबद्ध रहिए।
- लोगों के साथ अच्छा स्नेह, प्यार एवं सम्मान भरा व्यवहार कीजिए।
- उधार या क़र्ज़ पर विश्वास मत करिए! इससे जितना दूर रहें उतना अच्छा है। क्योंकि उधार प्रेम की कैंची है।
- यदि किसी चीज़ को न जानते हों तो उस विषय-वस्तु पर अज्ञानता प्रदर्शित करने पर शर्म मत कीजिए।
- दुनिया के आश्चर्यजनक कार्य (महान कारनामे) उन लोगों ने किये हैं जो यह नहीं जानते थे कि वह कितना महान कार्य करने जा रहे हैं!
- ख़ुशियाँ सँजोने से घटती हैं और बाँटने से बढ़ती हैं। यहाँ गणित का नियम लागू नहीं होता।
- बिना प्यार के भी आप किसी को कुछ दे सकते हो, किन्तु बिना कुछ दिये आप किसी से प्यार नहीं पा सकते हो। देने का मतलब सिर्फ़ पैसा नहीं होता, समय, सद्भावना, अपनापन, देखभाल भौतिक जगत की कई चीज़ें हो सकती हैं। इन्हें देकर देखिए! आप स्वयं अनुभव करेंगे।
- यदि आप लोगों को परखने एवं जाँचने में ही व्यस्त हैं तो आपके पास उनको प्यार करने का समय कभी नहीं मिलेगा।

संसार में सबसे बड़ा-

- दुनिया की सबसे बड़ी खोज है, अपने आपको पहचानना।
- सबसे बड़ा पाप : गप्पेबाज़ी
- इन्सान का सबसे बड़ा हथियार : उसके आँसू
- सबसे बड़ी ग़लती : किसी काम को बीच में छोड़ना
- ईश्वर का सबसे बड़ा आशीर्वाद : अच्छा स्वास्थ्य
- ईश्वर का सबसे बड़ा अवसर : अगला मौक़ा
- सबसे बड़ी अड़चन : आपका मिथ्या घमण्ड

- सबसे बड़ा नुक़सान : आपका आत्मविश्वासहीन होना।
- सबसे बड़ी ज़रूरत : आपकी सकारात्मक सोच एवं समझ

किन्तु पैसे के पीछे भागने से पहले सोचिए-

- पैसे से आप बिस्तर ख़रीद सकते हो, पर नींद नहीं!
- पैसे से आप अच्छा खाना ख़रीद सकते हो, पर उसको पचाने के लिए हाज़मा नहीं!
- पैसे से आप मकान (House) ख़रीद सकते हो, पर घर (Home) नहीं!
- पैसे से आप दवा ख़रीद सकते हो, पर स्वास्थ्य नहीं!
- पैसे से आप अपने ईद-गिर्द लोग जमा कर सकते हो पर प्यार एवं अपनापन नहीं!
- कभी पैसे का कम महत्त्व न समझें।
- कभी पैसे का अधिक महत्त्व न समझें।

अतः स्वयं को ऐसा इन्सान बनायें, जैसा आप दूसरों को देखना चाहते हैं।

सोचें और जीवन में अपनाएँ-

- यदि आप 10 मिनट ग़ुस्से में रहें तो आप मान लीजिए कि आप 600 सेकंड तक ख़ुशियों से दूर रहे हैं।
- ग़लती हर इन्सान से होती है। मूर्ख लोग उसको दोहराते हैं।
- हमेशा हर काम को करने का और भी अच्छा तरीक़ा हो सकता है, अतः उसे खोजते रहिए! एक दिन आपका काम करने का तरीक़ा सर्वश्रेष्ठ हो जायेगा।
- बुद्धिमान व्यक्ति वह होता है, जो दूसरों की ग़लतियाँ भूल जाता है, पर अपनी ग़लती हमेशा याद रखता है और फिर उसे दोहराता नहीं।
- दुनिया की सबसे बड़ी आग उचित समय पर सिर्फ़ एक कप पानी डालकर बुझाई जा सकती थी, किन्तु ऐसा करने या होने वाली छोटी-सी चूक ने बहुत बड़ा नुक़सान किया है।
- 90 प्रतिशत टेंशन (तनाव) का कारण 10 प्रतिशत लापरवाही या आलस्य है।
- यदि आपके पास एक रुपया है, मेरे पास भी एक रुपया है। यदि हम उसे अदला-बदली करते हैं तो दोनों के पास सिर्फ़ एक-एक रुपया ही रहेगा, किन्तु यदि मेरे पास एक उत्तम विचार या योजना है और आपके पास भी एक उत्तम विचार या योजना है, और हम उसकी अदला-बदली करते हैं तो दोनों के पास

दो-दो उत्तम विचार एवं दो योजनाएँ होंगी! अत: विचार रुपये से बड़ा है। विचारों की अदला-बदली करते रहिए!

- याद रखें, जो लोग चुनौती से घबराकर या डरकर मैदान में ही नहीं उतरते हैं, वे ज़िन्दगी में कुछ भी नहीं कर सकते हैं; और जो लोग बीच में ही अपना प्रयास बन्द करके भाग खड़े होते हैं, वे हारे हुए कहलाते हैं, जिनकी कभी न कभी जीतने की सम्भावना रहती है। किन्तु जो उम्मीद नहीं हारते और लगे रहते हैं, वे अन्त में अपने मुकाम को हासिल करते हैं।[1]

❑❑

1. Quitness never wins and winners never quit.